普及类古籍整理图书专项资助项目

U0993905

古玺读本

萧毅 编著

凤凰出版社

图书在版编目（CIP）数据

古玺读本 / 萧毅编著. -- 南京 : 凤凰出版社,
2017.6（2025.9重印）
ISBN 978-7-5506-2605-8

Ⅰ. ①古… Ⅱ. ①萧… Ⅲ. ①古印（考古）—研究—
中国 Ⅳ. ①K877.6

中国版本图书馆CIP数据核字(2017)第107939号

书　　名	古玺读本
编　　著	萧　毅
策划编辑	李艳丽
责任编辑	樊　昕
责任监制	程明娇
出版发行	凤凰出版社(原江苏古籍出版社) 发行部电话025-83223462
出版社地址	江苏省南京市中央路165号,邮编:210009
照　　排	江苏凤凰制版有限公司
印　　刷	江苏凤凰新华印务集团有限公司 中国江苏南京经济技术开发区尧新大道399号,邮编:210038
开　　本	652毫米×960毫米　1/16
印　　张	22.5
字　　数	335千字
版　　次	2017年6月第1版
印　　次	2025年9月第4次印刷
标准书号	ISBN 978-7-5506-2605-8
定　　价	98.00元

(本书凡印装错误可向承印厂调换,电话:025-68037411)

弁　言

汉字乃中华文化之载体，《古文字读本》(四册)则是了解和学习中国古代汉字的入门佳作。该书提纲挈领，深入浅出，最适合初学者循序渐进，步入佳境。读者倘能藉此以为治学之阶梯，便可登堂入室，进而窥探中华文化之堂奥，收到事半功倍的效果。值此全书付梓之际，爰缀数语志贺。

丙申孟冬

目　录

凡例 …………………………………………………………… (1)

前言 …………………………………………………………… (1)

官玺选读 ……………………………………………………… (1)

1. 白庚都萃车马 …………………………………………… (1)
2. 平阴都遽驲 ……………………………………………… (12)
3. 外司声鍴 ………………………………………………… (16)
4. 阳门信鍴 ………………………………………………… (21)
5. 蓟都司工 ………………………………………………… (25)
6. 新母司关 ………………………………………………… (31)
7. 徙盐之玺 ………………………………………………… (40)
8. 东武城工师玺 …………………………………………… (46)
9. 尚路玺 …………………………………………………… (54)
10. 密关叡 …………………………………………………… (59)
11. 十四年十一月师绍 ……………………………………… (62)
12. 文台西疆司寇 …………………………………………… (66)
13. 右库视事 ………………………………………………… (71)
14. 傛郎将行 ………………………………………………… (76)
15. 襄平右尉 ………………………………………………… (83)
16. 上相邦玺 ………………………………………………… (90)
17. 计官之玺 ………………………………………………… (95)
18. 大賽 ……………………………………………………… (98)

19. 桑陵莫器 …………………………………………… (104)
20. 沅陵侯叁玺 …………………………………………… (115)
私玺选读 …………………………………………… (123)
21. 肖上·私句 …………………………………………… (123)
22. 郭生辻 …………………………………………… (127)
23. 西方疾 …………………………………………… (135)
24. 公孙鄟 …………………………………………… (139)
25. 率吴汲 …………………………………………… (150)
26. 才迟 …………………………………………… (155)
27. 王閒信玺 …………………………………………… (158)
28. 王庆忌 …………………………………………… (165)
29. 公芸寿 …………………………………………… (170)
30. 閬丘郢 …………………………………………… (173)
31. 夜绾 …………………………………………… (179)
32. 弗袄 …………………………………………… (182)
33. 焦紻信玺 …………………………………………… (185)
34. 藿闭智 …………………………………………… (189)
35. 鲜于寯 …………………………………………… (193)
36. 五庆 …………………………………………… (196)
37. 善何 …………………………………………… (200)
38. 祝辻 …………………………………………… (203)
39. 区相夫玺·敬 …………………………………………… (207)
40. 公孙昌 …………………………………………… (210)
成语玺选读 …………………………………………… (219)
41. 长生 …………………………………………… (219)
42. 长内 …………………………………………… (225)
43. 吉昌内 …………………………………………… (231)
44. 明上 …………………………………………… (236)
45. 忠信 …………………………………………… (241)
46. 麋亡 …………………………………………… (244)

47. 忠信敬事富贵 …………………………………………………… (248)
48. 啞君 …………………………………………………………… (253)
49. 惲信 …………………………………………………………… (257)
50. 諲事得志 ……………………………………………………… (264)
51. 上生・又士・昌 ……………………………………………… (268)
52. 中精 …………………………………………………………… (272)
53. 正行 …………………………………………………………… (278)
54. 敬事昼夕 ……………………………………………………… (284)
55. 慎终如始 ……………………………………………………… (289)
56. 亡憾呈志 ……………………………………………………… (294)
57. 敬王 …………………………………………………………… (298)
58. 贵信 …………………………………………………………… (302)
59. 贤士人 ………………………………………………………… (304)
60. 呈愿 …………………………………………………………… (308)
参考文献 …………………………………………………………… (311)
后记 ………………………………………………………………… (337)

凡　例

1. 全书简体，必要时用繁体。

2. 正文包括图版、著录、释文、注释、延展阅读等项。

3. 图版，一般甲骨文用照片和拓片、金文用器物照片和拓片，简牍用照片，古玺主要用印钮，印面照片和印拓。

4. 著录只选一两种常见的。

5. 释文一般宽式，假借字用括号标出。

6. 注释从简，有定论的直接用定论，没有定论的用“一说”“有人认为”等列出一两种解释。限于本书的性质和篇幅，引用他人成果不一一标明，详见后面的参考文献。

7. 关于器物出土、收藏、断代、分域等放在注释[1]中说明。

8. 延展阅读部分知识性和可读性结合，主要是文字学基本知识的融入，也有适当的背景介绍或发散故事。

9. 本书引用《古玺汇编》较多，为节省篇幅，一律略去书名，只标明在原书中的编号。如“0168”指《古玺汇编》0168 号玺。

前　言

研究古玺，不能不提“玺”字。关于“玺”字的本义，有不同的看法。如《说文解字·土部》：“玺，王者印也。所以主土，从土尔声。玺，籀文从玉。”又《释名·书契》：“玺，徙也。封物使转徙而不可发也。”《说文》所言，不过是秦以后的史实，《释名》也只是说出了玺印的某种职能。《吕氏春秋·离俗览·用民》：“故民之于上也，若玺之于涂也。抑之以方则方，抑之以圜则圜。”马国权受此启发，认为玺字作“尒”，上端是玺的钮或柄的侧面之形，下边是按捺之后呈现出来的纹样，其后或从土，或从金，则是说明玺本身的质料。此说已经为多数学者接受。

一般认为，古玺是指秦以前的玺印，在这一点上似乎没有太大的争议，而古玺的上限，即古玺起源于何时，历来却争议颇大，近些年来新的考古材料的发现促进了人们对于这一问题的思考，现在有较多学者认同三方商玺的可靠性。

目前传世的古玺大多是战国时期的遗物，它是当时政治关系的凭证、经济交往的信物以及祈祥厌胜的佩饰，对研究当时的历史、文字以及古代艺术有着很高的参考价值。

古玺文字内容丰富，诸如姓名、地名、官名、成语等，为研究古代官制、地理沿革、先秦姓氏等提供了大量可靠的材料，古玺文字不但可以证史，而且能够补佚，具有很高的研究价值。

罗振玉曾论及古玺印有裨于考证：“玺印有裨于考证至巨。即就此编所载者言之，古玺印皆记姓名，汉人始有封完及吉语诸印，此前人所习知者，然征之古玺，已有取成语为印者，如编中所载，曰富、曰得志、曰右生（右即佑）、曰安官、曰敬事、曰敬上、曰上明（上即尚），审其书体，皆在秦前；又汉人或铸物象印，其所绘人物与汉石刻画像同，前人称为古蜡封印，不能断定时代，今乃确知为汉物。据此，知周代有成语印、汉人有物象印，此有裨考证者一也。两汉以来，官印可补正官制讹阙者，多不胜举。此编有廿八日骑舍印，于前籍无征，当为传舍之印，往见汉木简，知塞上亭隧受书发书皆纪日时，此印盖亦为传舍纪日之用；予又尝见汉官印，文曰：执法道二十二，殆汉御史亦分曹当直，此均可补史志阙文，有裨于考证者二也。《汉志》胶东国有挺县，高氏《齐鲁古印攈》有梃县左执奸，梃字从木旁作，此录有梃中二字半印，亦出齐地，殆东汉废梃县改为乡之名，字亦作梃，与高氏藏印正同，足证史志从手作之讹，此有裨考证者三也。古玺文字虽多难晓，然如人姓之长、之王，可确知其不误，后世无长姓，《孟子》则有长息，又此编汉人印中有伤禁、伤□，吴清卿中丞藏印有伤咸，伤姓亦不见古姓氏书，然唐有汤府君妻伤氏，墓志称受氏于伤琳，得姓于汤武。古刻记族望所由来多不可信，然得知唐初尚有伤姓，足为诸印之证，此有裨于考证者四也。六朝石刻书触字作牮，从牛角，初谓是当时别构，今观小玺中实有是字，其义虽不可知，而从牛角则同，知先秦以前已有之，可补字书之阙，此有裨于考证者五也……"

裘锡圭说"战国、秦汉的玺印文字具有很高的研究价值。从印文内容看，它们提供了官制、历史地理、社会经济和思想习俗等方面的研究资料。不少资料可用来补充流传古文献的阙漏或订正其错误。……从文字学的角度看，战国、秦汉玺印文字的重要性更为突出。已发现的战国古玺数量相当多，玺文中不重复的单字数大概比同时代铜器铭文中的还要多，对战国文字的研究是一批极为重要的资料"。

官玺是战国时代官吏任职和行使权力的信物。战国时代官僚机构已相当庞杂，而现存古籍对于这个相当庞杂的系统的记载又过于简略，许多详细情况不得而知，而官玺则为我们提供了大量信息。楚国官制，传世文献语焉不详，黄锡全在《古文字中所见楚官府官名辑证》一文中对楚玺以及其他古文字材料中出现的官府名、官名百余条详加考证，其中包括 14 个府、16 个宫室机构和 80 多个职务，是恢复楚国官府机构、职官制度的一块基石，这对研究楚史、楚文化无疑是一大贡献。

古玺中的许多地名是研究历史地理的重要资料，李学勤《〈古玺通论〉序》谓"古玺所见当时地名甚多，有一部分为文献所未载，或据出土所在，或据玺本身形制、字体、格式的特点，或据后世地名推溯，能够考定其国别位置，这当然是很重要的”。

古代文献是历代传抄下来的，在历时漫长的岁月中，传抄难免会出现错漏，据玺文可校正史籍中的讹误。如李家浩在《楚国官印考释（四篇）》一文中对楚玺“五渚正玺”的考释，认为历史文献记载的五湖、五都等皆为“五渚”之误，这样便使《战国策·秦策一》《韩非子·初见秦》等处的记载错误得以改正。

古玺文字是研究战国文字的重要资料，战国文字上承春秋金文，下启秦汉篆隶，是汉字形体演变的重要时期，而古玺文字则为研究战国时期文字的变化规律诸如简化、繁化、异化、同化等提供了大量实证。此外，由于地域的差异，古玺带有较为浓郁的地域色彩，各国文字也存在较大差别，这样，一方面可通过古玺形制的不同来认识各国文字，另一方面也可通过对各国文字的认识来确定古玺的国别。文字和形制的互证为战国文字的分域研究提供了可靠的标识。比如楚文字中作“”形的金旁，不同于他国，这样，金旁作此形的古文字资料可定为楚系文字资料。

古玺是篆刻艺术的第一个高峰，是学习和研究篆刻的重要资源。早在人们认识古玺以前就取法古玺进行篆刻创作，只是还没有意识到取法的是古玺。在人们认识古玺以后，更是有意识的取法。

古玺文字的研究可以粗分为两个阶段，第一阶段为晚清至二十世纪七十年代末，第二阶段为二十世纪七十年代末至今。主要包括著录、考释、字形研究、铭辞研究、分域研究、综合研究等方面。限于篇幅和作者见识，挂一漏万，在所难免，敬请谅解。

第一阶段突出的成果是古玺时代的确定以及原始材料的搜集和著录。

古玺印的著录虽早在宋代，但直至晚清人们才明确古玺的时代。乾隆时，程瑶田《〈看篆楼印谱〉序》中提及“私玺”，道光时，徐同柏为张廷济编《清仪阁古印偶存》，举出“古文印”类，至同治元年(1862)，吴式芬《双虞壶斋印存》才正式标出“古玺”类，并分出“古玺官印”“古朱文印”，列在秦印、汉印前，这可以说是古玺研究的开端。

陈介祺曾提及“朱文铜玺似六国文字，玉印似六国书法，近两周者”

(《簠斋尺牍》第五册),但正如罗福颐所言,“清末,学者对战国古玺文字之时代多慎重,只称之为古玺,陈簠斋亦作游移之辞,说似六国文字”。而王国维则首先肯定古玺文字是六国文字,在《〈桐乡徐氏印谱〉序》中,王国维根据罗福颐《古玺文字征》稿本中的一些古玺文字与正始石经古文、《说文解字》古文以及出土战国文字大量相合的例子,认定古玺文字为六国文字。王国维还相当重视古玺文字,认为“然则兵器、陶器、玺印、货币四者,正今日研究六国文字之唯一材料,尤为重要,实与甲骨、彝器同”。

著录玺印已有久远的历史。

《旧唐书》载有韦述的“玺谱之类”,《新唐书·艺文志》中录有纪僧夏《玉玺谱》等,宋代也有专收玺印的书,如杨克一《集古印格》等,更有官修《宣和印谱》,此外,宋代其他一些金石著录中也著录了一些古玺印,如王俅《啸堂集古录》等,元代以降,谱录渐多。较早的印谱,多已不传,现存可信的,以明隆庆五年(1571)顾从德《集古印谱》为最早。此后印谱数量大增,尤其到了清代,除数量外,在质量上也有很大的提高,这与乾嘉考据之风以及文人篆刻的普及密切相关。到晚清,开始出现收录古玺的专书,如吴大澄《千玺斋古玺选》。有些印谱如陈介祺《十钟山房印举》,虽然兼收汉以下印,但其中收有许多古玺,是研究古玺不可或缺的材料。这一阶段多注重玺印上的文字,而忽视玺印的形制,因此只录印拓者多,兼录钮制和质地者少。

清末,一些古文字著录开始收录古玺文字。光绪九年(1883),吴大澄《说文古籀补》正编所收的 1400 余字中,古玺文字就有 570 多个,代表了当时研究古玺文字的水平。其后,1925 年丁佛言《说文古籀补补》、1935 年强运开《说文古籀三补》等都收录了大量的古玺文字。第一部收录古玺文字的专书,是 1930 年罗福颐编纂的《古玺文字征》,共收录可识的古玺文字计 629 字,附录约 650 个,是对此前半个世纪以来古玺文字研究成果的总结,这标志着学者们已把古玺文字作为一个独立的课题。

关于古玺的文辞,最先识出战国官玺的是王懿荣,光绪七年(1881),其为高庆龄作《〈齐鲁古印攈〉序》中称:“玺之具官名者是出周秦之际,如司徒、司马、司工、司成之属,半皆周官。”1915 年,罗振玉在《〈赫连泉馆古印存〉序》中提出“古玺中有成语印”,次年在《〈赫连泉馆古印续存〉序》中进一步确定。

这期间，还出现了通论性的著作。如陈邦福《古玺发微》分为类别、玺式、钮式、辨质、馀说等几个部分，虽然简短，但较全面。王献唐《五灯精舍印话》虽不系统，但其内容相当广泛，形制、文字、出土情况等各方面多有涉及。

新中国成立后，较早出现的考释古玺印的专书有黄质的《宾虹草堂玺印释文》，原收于《宾虹草堂玺印释文》中的古玺印有700多方，吴朴堂选取其中的239方，其中有些玺文的释读甚为精当，如"庆忌""范寿"等，手稿现藏浙江省博物馆，1995年，曹锦炎选取其中较为重要者编为《黄宾虹古玺印释文选》。影响较大的考释论文有朱德熙、裘锡圭合写的《战国文字研究（六种）》和《战国铜器铭文中的食官》，前者考释"遽驲"，后者论证战国时代的"官"多省去宀旁，并考释了古玺中的"官"字及从官的一些字。

1959年，李学勤《战国题铭概述》在《文物》杂志上连载发表，虽然这并不是一篇专门讨论古玺的文章，却在古玺研究中占有很重要的地位，除对古玺文字进行比较归纳、介绍一些重要的传世古玺外，第一次论及古玺的地域性。

1978年，在长春召开的中国古文字研究会第一届年会上，朱德熙《战国陶文和玺印文字的"者"字》释出古玺中的"者"和"都"字。

总的来说，这一阶段以材料的积累为主，古玺文字考证等方面的研究则显得较为薄弱。

二十世纪七十年代末以来，古玺文字的研究逐渐繁盛起来，尤其是在1981年罗福颐主编的《古玺汇编》《古玺文编》两书出版以后，古玺研究空前发展，研究的范围广，程度深，较为注重实物与文献的合证，而且专题越来越细致，如专门研究一个字的地域特征，对成语玺的研究，对合文的研究等，古玺研究已经成为非常成熟的分支学科。就古文字方面看，许多学者运用古玺文字作为突破口来释读古文字；而在其他方面，也有许多学者利用古玺文字来研究古代的职官制度、郡县的设置等。

1. 著录

1981年，罗福颐主编的《古玺汇编》和《古玺文编》由文物出版社出版。《古玺汇编》收录古玺5708方，并附有释文。该书的刊出为古玺文字研究提供了极为有利的条件，对古玺研究产生了深远的影响。白玉微瑕，该书在释文和编排上略有可商之处，学者们多有订正。1983 年吴振武《〈古玺汇编〉释文订补及分类修订》对《古玺汇编》中的一些不足之处作了修订。此后，尚有施谢捷《〈古玺汇编〉释文校订》。

另一部较为重要的印谱，是康殷、任兆凤主辑的《印典》，除收录秦汉以下印章外，还收有大量古玺，按字编排，并附有检字表，甚为便利。

《古玺汇编》和《印典》两书所收古玺较多，尤其是官玺，大体已备，所遗者以私玺居多。

辑录新出玺印较为重要的，有周晓陆主编的《二十世纪出土古玺印集成》。

其他新出的较为重要的玺印谱录有《上海博物馆藏印选》《香港中文大学文物馆藏印集》《故宫博物院藏古玺印选》《新出历代玺印集录》《故宫历代铜印特展图录》《湖南省博物馆藏古玺印集》《香港中文大学文物馆藏印续集一》《天津市艺术博物馆藏古玺印选》《香港中文大学文物馆藏印续集二》《中国历代玺印艺术》《故宫博物院藏文物珍品大系・玺印》《浙江省博物馆典藏大系・方寸乾坤》等。

近些年来，有些私人藏印也陆续整理出版，如《战国古玺印最》《珍秦斋藏印・战国篇》《鉴印山房藏古玺印菁华》《中国古印——程训义古玺印集存》《铁斋藏古玺印》《金印玉玺——古代官印私章精品鉴赏》《盛世玺印录》《甘露堂藏战国箴言玺》等。

2. 综论

综论性的专著有林素清《先秦古玺文字研究》、马国权《古玺文字初探》、罗福颐《古玺印概论》、曹锦炎《古玺通论》等。

《先秦古玺文字研究》概说部分讨论玺印的起源、使用方法、著录与研究，随后研究了古玺文字的省变与美化以及“＝”符，并辨认了一些古玺文字，文后附有《古玺印谱汇目》。

《古玺文字初探》主要包括古玺的产生及其类别、古玺文字的样式和体势、古玺文字结构、古玺文字与其他古文字等几个部分，颇多创见。

《古玺印概论》把 1963 年由其与王人聪合著的《印章概述》一书的内容吸收融化，并有新的发明。全书共分十四章，分别介绍了历代印玺的书体名称、钮制、物质、类别、由来、时代考证等，是有关玺印的一部重要的专着，书中不乏独到见解，可惜稍嫌简略。

《古玺通论》是对古玺较为全面的研究，全书分上、下两编，上编具有通论性质，涉及古玺的时代、对古玺的认识和研究、形制和分类以及古玺文字的构形特色和地域特色等，下编具各论性质，将官玺分楚、齐、燕、三晋、秦等五系考述。

王献唐《五灯精舍印话》1985 年整理出版，涉及面广，诸如出土、清理、鉴藏、著录、形制、释读等等，多有论述。

萧毅 2002 年完成博士论文《古玺文字研究》，主要包括古玺文字形体研究、语辞研究、考释等内容，详细分析了古玺文字的地域差异，对古玺的自名以及古玺中的职官、姓氏、成语等作了初步的分域整理，并释读了一些古玺文字。

2005 年，肖晓晖《古玺文新鉴》虽然篇幅不长，但书中对玺印的起源、功用、形制、释读以及古玺文字的构形等有很好的论述。

此外，一些著述虽非专论古玺，但涉及较多古玺或古玺文字。如李学勤《东周与秦代文明》，高明《中国古文字学通论》，陈炜湛、唐钰明《古文字学纲要》，陈世辉、汤馀惠《古文字学概要》，何琳仪《战国文字通论》等，其中 1989 年出版的《战国文字通论》在讨论各系文字时，立有专门小节研究古玺形制、文字、铭辞等方面的特点，且能与各系其他文字相比较，为此后古玺的分域研究打下了基础。

3. 考释

古玺的考释仍是重点，学者们不再局限于仅仅是考释文字，而是有意识地结合历史文献等，较为深入。

1981 年，罗福颐主编的《古玺文编》出版，该书正编按《说文解字》顺序收录玺文 1434 字，合文 31 例，附录 1305 字。该书是对前人考释古玺文字成果的总结，也大体反映了当时人们认识古玺文字的水平。对该书校补的论著有吴振武《〈古玺文编〉校订》、林素清《〈古玺文编〉补正》等。其中《〈古玺文编〉校订》除在释文方面发明较多外，在古玺文字的地域特点等方面亦多有创获。

1981 年，于豪亮《古玺考释》考释“长坪君相室玺”“陘城发弩”等五方古玺。

1983年，黄盛璋《"匈奴相邦"印之国别、年代及相关问题》指出"匈奴相邦"玉玺是三晋的官玺。朱德熙《古文字考释四篇》考释古玺中的"犊"以及"桲"和"受"字。曹锦炎《释犊》考释古玺中的"犊"以及一系列从犊声的字。裘锡圭《战国玺印文字考释三篇》，考释出古玺中的"臽""脂"等字以及一系列相关字。

1985年，曹锦炎《战国玺印文字考释(三篇)》考释古玺中的"襄"字和合文"五鹿"等。

1986年，王辉《古玺释文二则》释出合文"君子"。

1989年，吴振武《古玺合文考》考释了古玺中的"中阳""弋阳"等18个合文。

1990年，裘锡圭在《"诸侯之旅"等印考释》一文中，考释了见于《安昌里馆玺存》和《续衡斋藏印》中的三方与"旅"有关的楚国官印。

1991年，吴振武《战国玺印中的"虞"和"衡鹿"》考释了燕国的"左吴"玺和楚国的"行录"玺。

1992年，何琳仪写于1988年的《古玺杂识续》发表，文章考释了"阴""豫""京"等字。同年李家浩在中国古文字学年会上提交《战国官印考释(六篇)》，多有创获。

1993年，汤馀惠《"卑将匠刍信玺"跋》认为"卑酱"当读作"裨将"。同年出版的《第二届国际中国古文字学研讨会论文集》收有汤馀惠《古玺文字七释》、曹锦炎《战国古玺考释(三篇)》等论文。

1995年，施谢捷《古玺印考释五篇》考释了"区相夫玺""长相如"等印。

1996年，高明《说"𨛜"及其相关问题》考释齐国陶文玺印常出现的"𨛜"，疑即文献中的"照"字，当是代表官府检验合格的凭证，此外，作者还论述了一直未有定论的"敀"字。李家浩《战国官印考释两篇》释出三晋官玺"千亩左库"，并考释了楚玺"大廄"。吴振武《战国官玺释解两篇》中"鱼玺"之释确不可易。施谢捷《古玺印文字考释五篇》，释出"欧牛""龙文""九侯"等，另一篇《古玺印考释十篇》考释了古玺中的"终古""鲁人""非字""孟子"等。

1997年，王人聪《战国吉语、箴言玺考释》对一些文字易识但文义难明的成语玺作了解释。

1998年，吴振武《古玺姓氏考(复姓十五篇)》考释出“马矢”“大叔”等复姓，同年作者还发表《释三方收藏在日本的中国古代官印》。施谢捷《古玺印文字丛考(十篇)》释出合文“白牛”“四水”等。此外，还有刘钊《玺印文字释丛(二)》、徐在国《“信士”玺跋》、《古玺文字八释》等论文，各有所得。何琳仪《战国古文字典》虽然不是古玺文字的专门字典，但是该书涉及大量古玺文字，是研究古玺文字必备的参考书。

1999年，吉林大学出版社出版的《中国古文字研究》(第一辑)收有多篇有关古玺的论文，其中吴振武《战国玺印中所见的监官》对旧释为“丞”的字提出了新的释读意见；施谢捷《古玺双名杂考(十则)》考释了“不脂”“巨梁”等人名；徐在国《战国成语玺考释四则》释出“千金”“亲寿”“善人”等成语；此外，还有刘乐贤《古玺汉印复姓合证三则》、吴良宝《玺陶文字零释(三则)》等文。同年尚有施谢捷《古玺印文字考释(十篇)》、白於蓝《古玺印文字考释(四篇)》、徐在国《战国官玺考释三则》以及魏宜辉、申宪合写的《古玺文字考释(十则)》等论文，多有所得。

2000年，施谢捷《古玺复姓杂考(六则)》考释出“公户”“在丘”等复姓。萧毅《“麋亡”印释》认为“麋亡”印为成语印。

2001年，李学勤《试说传出殷墟的田字格玺》考释传出殷墟的田字格玺，认为“抑埴”与“之玺”相当。

2002年，李家浩《战国官印“尚路玺”考释》认为齐玺“尚路”当是《周礼》“典路”的异名。同年徐在国《古玺文字释读九则》释出玺文“不廷”“马尸”等。

2006年，施谢捷博士论文《古玺汇考》在分类、分域的基础上对古玺作有全面的整理释读，文末附有辑集古玺印印谱知见目录、有关古玺印研究论著目录等，可惜提交答辩的只是部分内容。赵平安《释行木》认为旧释“桁”的字应该是“行木”两字，并认为楚玺“衡鹿”作“行彔”，“行彔”即“衡鹿”，“‘行鹿’就是行林木，结构和意义同‘行木’相仿佛”。

2007年，陈剑《说慎》考释了古文字中的“慎”字，涉及较多古玺。

2008年，田炜在其博士论文《古玺探研》中考证了部分官玺、私玺以及古玺字词。修改后于2010年出版。

2010 年，施谢捷《说“訇（訇匀囗）”及相关诸字（上）》涉及较多古玺文字的释读。

2011 年，刘钊《古玺格言玺考释一则》考释了新出三晋成语玺“昼夕敬事”。马楠《清华简第一册补释》认为古玺中释为“閒”的字可读为“县”。刘洪涛《战国官印考释两篇》认为现藏于上海博物馆的一方两合玺为“虞”，“读为‘虞’，是掌管山泽之官”。文章还讨论了《古玺汇编》0198 的释读。

2012 年，刘钊《关于几组战国格言玺的解释》考释了“中青”“白中”等古玺。

2013 年，赵平安《“京”、“亭”考辨》涉及《古玺汇编》0279、0225 等古玺。

2014 年，李家浩《战国官印“车御令信”考释》认为“‘车御令’当是‘戎车御’、‘任车御’、‘游车御’之长，疑即《周礼·春官》中‘车仆’之别名”。

4. 分域

这一阶段较早涉及古玺分域问题的有黄盛璋《所谓“夏虚都”三玺与夏都问题》一文。

1980 年，裘锡圭《战国文字中的“市”》一文把齐、燕、三晋和楚国文字里关于市的资料分别加以考释，识别出以上诸国“市”字的不同形体，为古玺文字的分域研究打开了一条新思路。

1981 年，叶其峰《战国官玺的国别及有关问题》一文根据地名、官名、形制、字体等标准判定国别。

1984 年，吴振武《战国“亩（廪）”字考察》对战国文字中的“廪”字作了详细的分域研究，涉及较多的古玺材料。

1986 年，汤馀惠《略论战国文字形体研究中的几个问题》考释了古玺中的一些疑难字，并且对《古玺汇编》所收的楚、齐、燕三国玺印作了新的释文和初步分类。许学仁博士论文《战国文字分域与断代研究》，也涉及古玺分域。

1992 年，董珊《战国古玺文字分国偏旁表谱》对古玺文字的偏旁进行了分域整理。

1996 年邵磊《战国古玺分域丛谈》简要说明了齐、三晋、燕、楚、巴蜀、秦等六系古玺的形制、语辞等，文后附有《战国古玺辨伪例证》。

2001年，庄新兴编《战国玺印分域编》出版。此书将三千余方古玺分为燕、齐、楚、晋、秦五系，并有释文。书前有《战国玺印分域考》一文，详细分析了各系古玺的地域性。书后附有《战国玺文常见特色部首和字分域表》，按系别列有“人”“女”“马”“都”等三十个部首和字的形体。惜该书所收材料不多，释文和分域也多有可商。

2009年，陈光田《战国玺印分域研究》讨论了古玺地域特点和分域标准，并在分域的基础上对大量古玺作有简要的释读。

2010年，萧毅《古玺文字“𠩺”的地域特征》探讨了“𠩺”的地域特征以及一些玺印的地域归属。

2012年，刘建峰博士论文《战国玺印文字构型分域研究》对古玺文字构形进行了分域研究。

楚玺的研究较为引人注目。汤馀惠《楚器铭文八考》和《楚玺两考》、李家浩《楚国官印考释（四篇）》、刘钊《楚玺考释（六篇）》、林清源《楚国官玺考释（五篇）》、施谢捷《释战国楚玺中的“登徒”复姓》、何琳仪《楚官玺杂识》、徐在国《楚国玺印中的两个地名》、萧毅《合玺“敬玺”考》等文考释了一些楚玺，韩自强、韩朝《安徽阜阳出土的楚国官玺》介绍并考证了几方安徽阜阳出土的楚官玺。郑超《楚国官玺考述》、牛济普《楚系官玺例举》、萧毅《古玺所见楚系官府官名考略》等文整理了楚官玺。黄锡全《古文字中所见楚官府官名辑证》涉及较多的楚玺。1998年，罗运环《论楚玺及其他》对楚玺的起源、内容、特点、功能等进行了系统的研究。2002年，文炳淳博士论文《战国楚玺文字研究》对楚玺进行了较为全面的研究，文中除汇释官署玺、官名玺、私玺外，还论述了楚玺的判别依据、文字的构形特征等，全书共收官私玺印（包括烙印、封泥等）413方，并有图片，为进一步研究提供了方便。2004年，陈松长《湖南古代玺印》中涉及较多楚玺。2005年，吴振武《朱家集楚器铭文辨析三则》在讨论特殊写法的“之”字时，论及“计官之玺”“坪夜大夫之玺”“士君子之信符”等三方楚玺。有些楚玺学者们关注较多，如真山战国墓出土的“上相邦玺”，曹锦炎、王人聪、李学勤、萧毅等都有文章讨论；如《珍秦斋藏印·战国篇》141号玺，就有吴振武、刘钊、萧毅、禤健聪等学者考释。

燕玺方面的成果也较多。1993年，董珊发表《古玺中的燕都蓟及其初封问题》，根据所考释的燕玺“禹都司工”反驳了“燕国始封于燕山，后来并蓟而居”的旧说，指出燕国初封就在蓟，而蓟的具体位置就是“约在今北京外城之西北部”。1996年，吴振武《燕国铭刻中的“泉”字》释出了燕玺中的“泉”字；同年其《释双剑誃旧藏燕“外司圣鍴”玺》则考释了“司声”一职；1998年，其《燕国玺印中的“身”字》考释了燕玺中的“身”字。1998年，李家浩《燕国“洀谷山金鼎瑞”补释》考释出玺文“谷”字，并分析了其他一些从口的字。同年何琳仪、冯胜君合写的《燕玺简述》考证燕玺中的地名、官制、军制、市制等。2004年，在中国古文字研究会第十四届年会上，赵平安《论燕国文字中的所谓“都”当为“鄡”（县）字》探讨了旧释为“都”的字。2012年，张振谦《燕玺复姓“夷吾”考》认为旧释“率吴”的燕玺复姓应该是“彝(夷)吴(吾)”。

齐玺方面，1991年，葛英会《战国齐“徙甿”玺与“爰土易居”》研究了齐“徙甿”玺的释文及其性质。1996年，吴振武《齐官“王冢”考》就齐玺0312等的释读提出了新的观点。1998年，曾宪通《论齐国“遝盈之玺”及其相关问题》考释七方齐玺。2004年，赵平安《战国文字中的盐及相关资料研究》涉及《古玺汇编》0198等多方齐玺，认为其中释读分歧较大的那个词是“徙盐”，“徙盐就是运盐”，“很可能是官名”。2012年，吴振武发表《谈齐“左掌客亭”陶玺——从构形上解释战国文字中旧释为“亳”的字应是“亭”字》。2013年，程燕《齐官考释三则》考释了《古玺汇编》0197等三方齐玺。

专论三晋玺的文章不多，吴良宝《战国文字所见三晋置县辑考》涉及较多的三晋官玺。2009年，吴砚君《三晋古玺杂说》讨论了三晋古玺的形制等，并发表了很多新资料。2014年，孟丽娟《三晋官玺集释》收集了较多资料，其中有些玺印的地域归属还可斟酌。

可见，对古玺的分域研究已渐趋细致，系统性也在加强，这是古玺研究的新特点。

5. 其他

语言文字方面，李家浩《从战国“忠信”印谈古文字中的异读现象》是结合语言的研究，吴振武《古文字中的借笔字》涉及较多的古玺文字。曹锦炎《古玺文字中的“＝”号》研究古玺文字中的“＝”号，另林素清《论先秦文字中的“＝”符》也涉及古玺中的“＝”号。

辨伪方面有吴振武《古玺辨伪二例》、文炳淳《论几方楚玺的真伪、时代问题》等。

分期断代方面有陈松长《湖南省博物馆藏出土玺印分期浅论》，该文结合出土情况对古玺分期，是为尝试之举。

研究用印遗迹的，有汤馀惠《“於王既正”印文考——兼论望山二号楚墓的年代》、曹锦炎《释楚国的几方烙印》，另有一些论文论及货币上打印的文字，此略。

此外，叶其峰《战国官署玺——兼谈古玺印的定义》对官玺进行了分类研究，吴良宝《古玺复姓统计及相关比较》统计古玺复姓 126 种。李东琬《箴言古玺与先秦伦理思想》则是结合思想文化的研究。

这一阶段有文章对古玺的研究进行总结。1981 年，罗福颐的《近百年来古玺文字之认识和发展》，总结古玺文字的研究，并提出若干有待解决的问题。1989 年，裘锡圭《浅谈玺印文字的研究》则强调了要研究古玺文字，最好先弄清三件事，即玺印的真伪、玺印的时代以及印文的排列方式。

古玺文字的研究虽然有了很大的发展，但还有许多工作要做，这里试述如下：

1. 谱录

目前尚缺一部较为全面、科学的古玺谱录，除印拓外，应尽可能标明钮制、质材、大小、出处等，如有印钮、印面照片，则更佳。就目前的研究条件，先完成各系的谱录，然后汇总，或是一个可行的选择。

2. 考释

古玺文字中未释的字还有一定的比例，有些常见的字还存在较大的分歧，有些几成定论的玺印有必要重新认识。这些文字释读问题的逐一解决，必将推动古玺文字研究的发展。

3. 形制。

人们历来多注重玺印上的文字，而较少注意形制，这从绝大多数谱录只收印拓不录钮制就可看出，其实形制和地域、功用等关系密切。形制包括印面和印体两个方面，印面形制可据印拓研究，但由于印刷的关系，在不明确标明尺寸的情况下，也只能知其大略。印体包括印体的厚薄、质材以及钮制，有些谱录虽标明钮制，但由于自来有些钮制的名称叫法不一，仅标明钮制而不附图，也不能知其详。正是这些条件的限制影响了古玺形制的研究，相信随着条件的成熟和研究的深入，形制和地域、功用等的关系会越来越明晰。

4. 断代

就目前的研究状况，断代还存在很大的困难，有学者对湖南出土玺印作断代研究，但由于材料的限制，规律性的东西不多。如能整理出土材料以及利用其他文字的断代成果来研究古玺断代，定将有所收获。

5. 分域

目前的分域以较为具体的地域特征研究为多，还不够细致，综合性的研究有待加强。

6. 其他

古玺所涉及的官职、地名、姓氏等，还有许多基本工作要做，比如各系职官、姓氏的整理等，在此基础上结合文献作进一步的研究，当有所得。

古玺以传世品为大宗，科学发掘品只占很少的一部分，对古玺的出土状况还缺乏全面的调查，更谈不上充分利用。传世品中有较多的伪品，新出的伪品也不少，辨伪是一项很重要的基础工作。

官玺选读

1. 白庚都萃车马[1]

【图版】

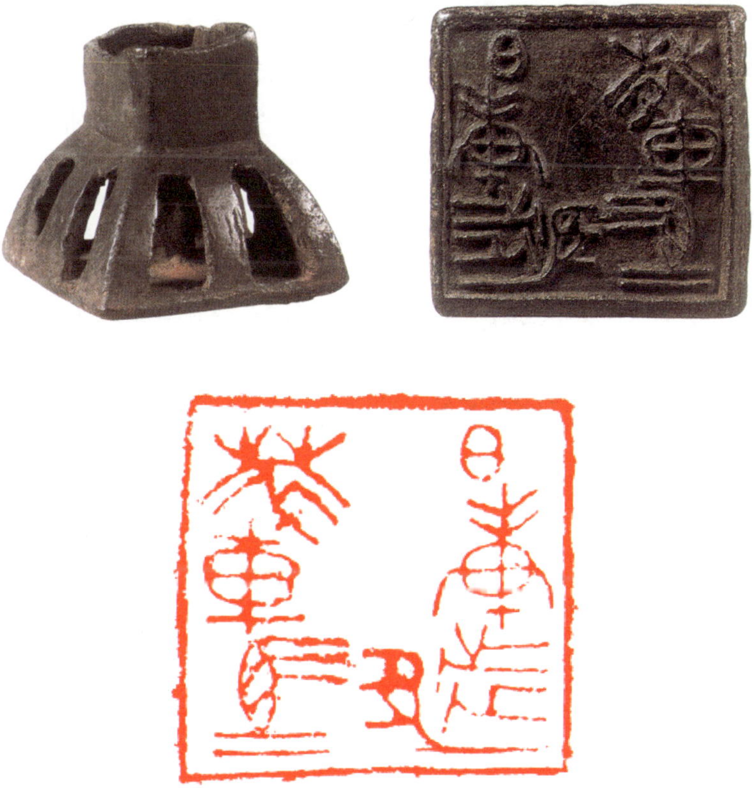

【释文】

白庚都[2]萃车[3]马

【著录】

0293;《书道全集第廿七卷·印谱篇》;《中国书法》2012 年 11 期

【注释】

[1] 燕玺。全高 7.33 cm,台高 4.17 cm,印面 7.4 cm×7.5 cm。现藏于日本东京藤井齐成会有邻馆。柯昌济《金文分域编》九·一七:"周日庚都萃车马玺,《山东通志》:光绪十八年出土潍县。王文敏以百五十金得之,方二寸二分,四边作铜墙,如方笔筒,筒内有数柱横撑其间,疑古钤马印,其筒所以盛火也。周季木云易州出土。"

[2] 白庚都:地名,也见于燕陶文"白庚都王节鍴(瑞)"(《辽海文物学刊》1992 年 2 期)。白庚,旧或释"日庚",或释"晵"。都,古代指有城郭的大邑。燕系文字中的都可能指县城。近有学者认为燕文字中所谓的"都"字从袁,读为"县"。

[3] 萃车:即"倅车"。《周礼·夏官·射人》:"令有爵者乘王之倅车。"郑注:"倅车,戎车之副。"又《夏官·戎仆》:"戎仆掌驭戎车,掌王倅车之政。"后称州郡长官副职为倅,因亦以就任倅职为乘倅车。宋胡宿《张士夔可都官员外郎制》:"分乘倅车,领治和垒。"

【延展阅读】

1. 烙印

此印巨大,其印钮为方筒形,中空,可以纳木柄。古人常烙马以标明其归属。《庄子·马蹄》云:"及至伯乐,曰:'我善治马。'烧之,剔之,刻之,雒之,连之以羁縶,编之以皂栈,马之死者十二三矣!"雒,通烙,给马烙上标志。

古代战马是衡量一个国家军事力量的重要标志。《玉篇·马部》:

“马，武兽也。”《后汉书·马援列传》载马援说：“夫行天莫如龙，行地莫如马。马者甲兵之本，国之大用。”《史记·苏秦列传》苏秦游说诸侯，分析实力的几个主要因素，战马居其一。燕“地方二千馀里，带甲数十万，车六百乘，骑六千匹，粟支数年”，赵“地方二千馀里，带甲数十万，车千乘，骑万匹，粟支数年”，韩“地方九百馀里，带甲数十万”，魏“地方千里”，“武士二十万……厮徒十万，车六百乘，骑五千匹”，楚“地方五千馀里，带甲百万，车千乘，骑万匹，粟支数年”。

传世烙印并不少见，除烙马印外，还有烙木印、烙漆印。

年代较早的，如“匀蜀金”（3346、《天津市艺术博物馆藏古玺印选》29 页）：

“平匋”（《珍秦斋藏印·战国篇》8）：

“蜜玺”（0348、《中国历史博物馆藏法书大观·玺印篆刻》19）：

“命”(《珍秦斋藏印·战国篇》228)：

“官事”(《鉴印山房藏古玺印菁华》5)：

“共”(《鉴印山房藏古玺印菁华》8)：

“善”(《大风堂古印举》38 页)：

有些印从内容看，应该是烙木的，如“左行木正木”(《中国玺印篆刻全集·玺印上》一九五)、“左行木廪木”(0300、《中国玺印篆刻全集·玺印

上》一九六）。

有些烙印虽然看不到实物，但是可以看到烙下的印迹。

烙在木上的，如见于《文物》1996 年第 5 期、《文物参考资料》1956 年第 12 期的“罿竽”“既正於王”“沅昜于□”。

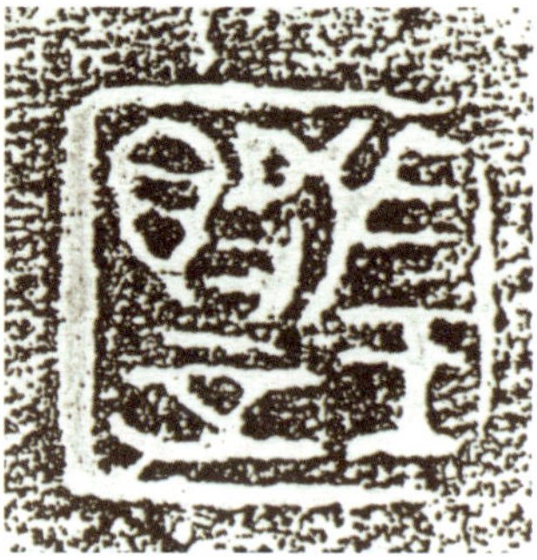

烙在漆器上的，如“攻市”(《考古学报》1983 年 2 期 247 页)。

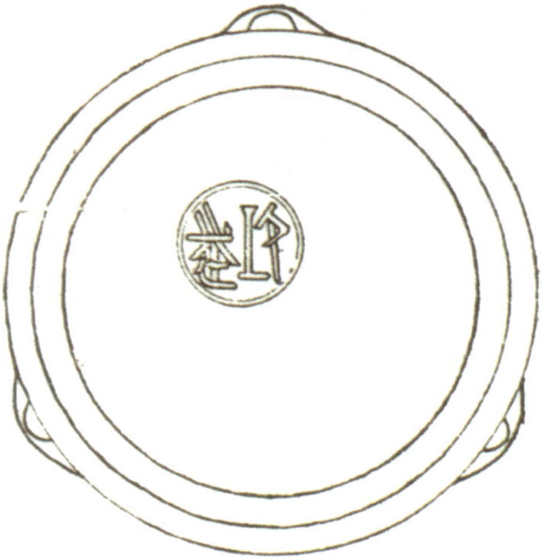

有的两个印章烙在一起，如“陈·絣”(《长沙出土楚漆器图录》图版 25)。

年代稍晚的也有不少。如“曲革”(《故宫博物院藏古玺印选》326)。

《十钟山房印举》除收有“曲革”外，还有“郑骀”（《十钟山房印举》十·十四）、“魏石”（同上四·一、十·十三）等。

上海博物馆藏有“逎侯骑马”。

新出玺印有“夏骑”(《大风堂古印举》5A)。

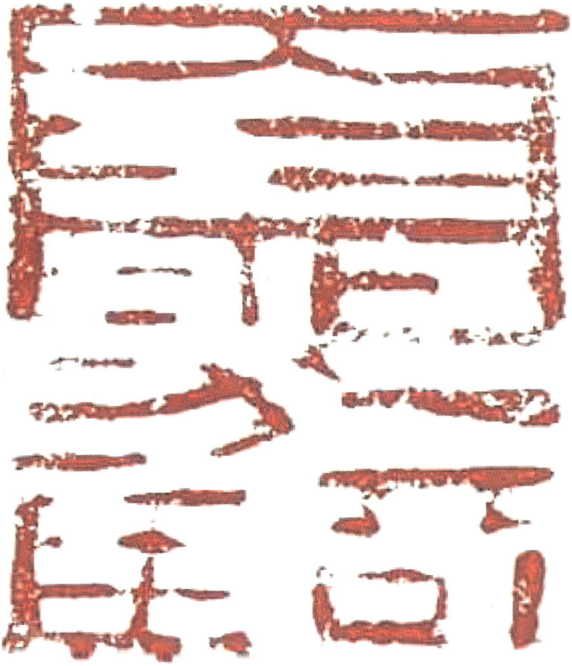

其他还有“夏丘”(《善斋玺印录》)、“灵丘骑马”(《待时轩印存》)、“樊氏”(《二十世纪出土古玺印集成》二－SY－0192)、“常骑”(上海博物馆藏)、“汗赭”(《陕西新出土古代玺印》433)等。

2. 章法

“白庚都萃车马”布局成“U”形，除了几块小的空白呼应外，中间的大块留白格外醒目。这种布局在古玺中常可见到，如“右酖王玺”(0001)、“左廪之玺”(0227)、“密关虘”(0174、《中国玺印篆刻全集·玺印上》六三)。

后人也多有模仿。如钱君匋就刻过一方“午斋钱塘之玺”(《钱君匋精品印选》79 页)，虽然在边款中说是“戏拟”，其实是花了功夫体会个中趣味的，形神俱佳。

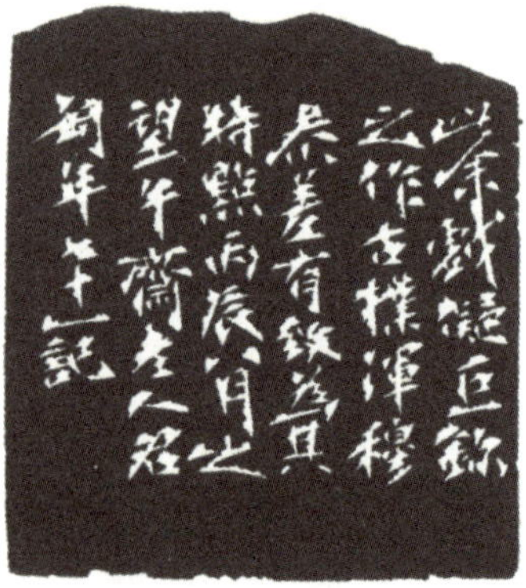

笔者在 1994 年也仿照此玺的布局刻过一方“得钱买书”(《采石印选》)，由于是白文，中间留红更加醒目。

【参考文献】

柯昌济:《金文分域编》,徐园丛刻铅字本,1935 年。

吴铭生:《长沙战国墓木椁上发现"烙印"文字》,《文物参考资料》1956 年 12 期。78—79 页。

商承祚:《长沙出土楚漆器图录》,中国古典艺术出版社,1957 年。

熊亚云、丁堂华:《鄂城楚墓》,《考古学报》1983 年 2 期,223—254 页,图版贰叁—贰陆。

李家浩:《先秦文字中的"县"》,《文史》第二十八辑,中华书局,1987 年,49—58 页。后收入《著名中年语言学家自选集・李家浩卷》,安徽教育出版社,2002 年,15—34 页。

徐秉琨:《辽宁发现战国陶铭四种考略》,《辽海文物学刊》1992 年 2 期,124—127 页。又辽宁省博物馆编《辽宁省博物馆学术论文集》第二辑(1985—1999),辽海出版社,1999 年,6—9 页。

张　辛:《论中国玺印的起源》,《文化的馈赠——汉学研究国际会议论文集(考古学卷)》,北京大学出版社,2000 年。

赵平安:《论燕国文字中的所谓"都"当为"鄙"(县)字》,中国古文字研究会第十四届年会论文,2004 年;又《语言研究》2006 年 4 期,第 77—79 页。

肖晓晖:《古玺文新鉴》,世界图书出版公司,2005 年。

施谢捷:《古玺汇考》,安徽大学博士学位论文,2006 年,76 页;88 页。

赵平安:《释行木》,《古文字研究》第二十六辑,中华书局,2006 年,377—381 页。又《金文释读与文明探索》,上海古籍出版社,2011 年,241—247 页。

崎　岖:《古印趣话》,三秦出版社,2006 年,7 页。

刘　钊:《说秦简"右剽"一语并论历史上的官马标识制度》(稿本),复旦大学出土文献与古文字研究中心网站,http://www.gwz.fudan.edu.cn/srcshow.asp? src_id=682,2009 年 1 月 30 日;修订后刊于《出土文献与古文字研究》第四辑,上海古籍出版社,2011 年。又《书馨集——出土文献与古文字论丛》,上海古籍出版社,2013 年,173—197 页。

罗福颐:《古玺印考略》,紫禁城出版社,2010 年。

2. 平阴都遽驲[1]

【图版】

【释文】

坪(平)陞(阴)都[2]⿱日犬(遽)垍(驲)[3]

【著录】

0187;《故宫博物院藏古玺印选》21

【注释】

[1] 燕玺。现藏于故宫博物院。

[2] 平阴都,地名。春秋时齐、晋均有“平阴”,燕之平阴不见于记载,但战国时燕国货币有平阴布,出土于东北和朝鲜一带。由货币文、玺文可知燕也有“平阴”。

[3] ⿱日犬垍,读为“遽驲”。《尔雅·释言》:“驲、遽,传也。”遽驲指供应驿传车马及饮食休憩的机构。

【延展阅读】

1. 形制

燕官玺主要有三种形式，其中之一就是这种方形白文玺，印台与坡形钮座之间有明显的过渡台阶。我们曾做过初步的统计，一般边长为2.3 cm左右，约合战国1寸。常见的是五六字，多分两列，一列为地名，一列为官名。燕系官玺自名形式较为丰富，但是白文玺中还没有发现一方有自名。如“怳阴都左司马”(0052)、“平阴都司徒”(《故宫博物院藏古玺印选》1)、“雷旦都司工”(故宫博物院官网)等。

2. 驿传

玺印材料中，燕、楚、三晋和秦都有驿传机构。

燕玺中除这方“坪阴都遽驲”外，还有好几方遽驲印，如“䢵都遽驲”(0186)、“閔(启)阳都遽驲”(0188)、“枳阳都遽驲”(0189)、“泃城都遽驲”(5551)、“柆湩都遽驲”(5552)等。

此外，“武城置驲”（《中国历史博物馆藏法书大观·玺印篆刻》9、《中国历史博物馆馆刊》1979 年 1 期 89 页、《新出历代玺印集录》4）也应该是一方与驿传相关的玺印。

三晋玺有“上党遽司马”（《古玺通论》158 页）。司马本主军事，驿传机构置司马，少见。

楚有“传徙之玺”（0203）。

秦有传舍，供来往使者食宿的驿传机构，见于典籍。《战国策·魏策·管鼻之令翟强与秦事》：“令鼻之入秦之传舍，舍不足以舍之。”《史记·廉颇蔺相如列传》：“（秦王）舍相如广成传舍。”《史记·孟尝君列传》：“孟尝君置传舍十日。”秦印有“传舍之印”（《秦汉南北朝官印征存》60），秦封泥有“传舍”（《秦封泥集》235 页）。

【参考文献】

朱德熙、裘锡圭：《战国文字研究（六种）》，《考古学报》1972 年 1 期，73—89 页。后收入《朱德熙古文字论集》，中华书局，1995 年，31—53 页；《朱德熙文集》第五卷“古文字论文”，商务印书馆，1999 年，31—53 页。

黄盛璋：《所谓“夏虚都”三玺与夏都问题》，《河南文博通讯》1980 年 3 期，1—3 页。

叶其峰：《战国官玺的国别及有关问题》，《故宫博物院院刊》1981 年 3 期，86—92 页。

刘　钊：《楚玺考释（六篇）》，《江汉考古》1991 年 1 期，73—76 页。

何琳仪：《古币丛考》，《文史哲》1996 年 8 期，37—39 页。

曹锦炎：《古玺通论》，上海书画出版社，1996 年。

何琳仪：《战国古文字典》，中华书局，1998 年，622 页。

董　珊：《战国题铭与工官制度》，北京大学博士学位论文，2002 年。

萧　毅：《古玺文字研究》，中山大学博士学位论文，2002 年。

施谢捷：《古玺汇考》，安徽大学博士学位论文，2006 年。

故宫博物院：http://www.dpm.org.cn/shtml/117/@/6207.html。

故宫博物院：http://www.dpm.org.cn/shtml/117/@/5983.html。

3. 外司声鍴[1]

【图版】

【释文】

外司圣(声)[2]鍴(瑞)[3]

【著录】

《中国历代玺印艺术》7;《浙江省博物馆典藏大系·方寸乾坤》29 页

【注释】

[1] 燕玺。长 5 cm,宽 1.4 cm,通高 9 cm。现藏于浙江省博物馆。

[2] 圣,从耳从口从壬,读为声。旧释炉,误。司声,见于《管子》,负责听查国情、民情的官。外,可能指外朝(国君处理朝政之所),也可能指

朝廷之外(即在地方上)。

[3] 鍴,读为“瑞”。《说文解字 · 玉部》:“瑞,以玉为信也。从玉,耑声。”《说文解字 · 卩部》:“卩,瑞信也。”《周礼 · 春官 · 典瑞》郑玄注:“瑞,节信也。”

【延展阅读】

1. 笔画借用

“圣”字由两部分组成。

一是“耳”,作“”形,与常见的“耳”相比有省略。

一是“呈”,作“”形,与常见的“呈”相比增加了“八”形饰笔。

这两部分叠加在一起时,“呈”所从口的横画借用了“耳”的横画,导致这个字变得很奇特,成了一个难以识别的字。

笔画借用是古文字中较为常见的一种变化。

邻近的笔画相似或笔画部分相似的时候,为书写的简化,有时会借用相似的部分。有些是单笔借用,有些是整个偏旁形体的借用,有些是部分借用,有些是整体借用。

单笔借用指单一笔画的借用。

如“馈”(新蔡甲三 136 号简)的贵旁上部的“八”形笔画只写了右笔,左笔借用食旁“日”形构件的右画。“宜”(新蔡甲三 153 号简)从两“肉”,下面的肉旁借用了上面肉旁的底画。包山 69 号简从己从丌的字,“丌”的横画借用了“己”的底画。

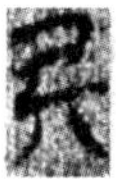

多笔借用指两笔或两笔以上笔画的借用。

如“徙”(新蔡甲三 204 号简)“少”“尾”共用“小”形。“善”(包山 182 号简)所从的“羊”“言”共用“=”形。

偏旁借用指借用形体相同或相似的偏旁。

楚文字中有一个读为“桑”的双声字，从桑从相，共用木旁。见“桑陵莫嚣”(《故宫收藏·你应该知道的200件官印》8，也见0164，魏宜辉认为“释读作‘襄陵’更好，就是大司马昭阳败晋师于襄陵之岁的‘襄陵’。”)、新蔡甲三253号简、新蔡甲三357＋359号简。

2. 自名

燕系官玺大多没有自名，有自名的约占20%，但自名形式却很多。自名形式和形制之间有着密切的关系。燕系官玺白文玺中还没有发现一方有自名，朱文玺则大多有自名。自名为“玺”的都是方形朱文玺，其馀自名为“卩”“瑞”“卩叕(瑞)”等都是长条朱文玺。方形朱文玺《古玺汇编》中仅0082、0292、0293没有自名，长条朱文玺《古玺汇编》中仅0368、5547没有自名，因此，从另一个角度也可以说燕玺方形朱文玺多自名“玺”，长条朱文玺多自名“节”“瑞”“节叕(瑞)”等。

燕官玺自名形式除单称“瑞”外还有如下一些形式。

(1) 玺

如“易娄师玺”(0159、《吉林大学藏古玺印选》5)、“平阴都玺”(5556)、“柭湩都米粟玺”(0287)。

(2) 节

写作“卩”，读为“节”，如“中阳都吴(虞)王节”(5562)。

(3) 节瑞

或写作“卩鍴”，读为“节瑞”，如“单佑都市王节瑞”(0361)、“东阳海泽王节瑞”(0362)。卩字或释“勹(符)”。

或写作“卩叕”，读为“节瑞”，如“大司徒长卩叕”(0022、《中国玺印篆刻全集·玺印上》一三二)。末尾两字，或释“勹乘”，读为“符证”。

（4）信瑞

写作“身鍴”，读为“信瑞”，见“阳文（门）信瑞”（0364）。详见下文释读。

【参考文献】

裘锡圭：《战国文字中的“市”》，《考古学报》1980 年 3 期，285—296 页。后收入《古文字论集》，中华书局，1990 年，1—10 页；又《裘锡圭自选集》，河南教育出版社，1994 年，106—128 页。

李学勤：《东周与秦代文明》，文物出版社，1984 年，328 页。

何琳仪：《战国文字通论》，中华书局，1989 年，99 页。

何琳仪：《战国官玺杂释》，《印林》1995 年第 16 卷第 2 期（总 92 期），2—11 页。

吴振武：《释双剑誃旧藏燕“外司圣鍴”玺》，《于省吾教授百年诞辰纪念文集》，吉林大学出版社，1996 年，162—165 页。

吴振武：《燕国玺印中的“身”字》，《胡厚宣先生纪念文集》，科学出版社，1998 年，196—199 页。

董　珊：《战国题铭与工官制度》，北京大学博士学位论文，2002 年。

肖晓晖：《古玺文新鉴》，世界图书出版公司，2005 年，58—59 页。

施谢捷：《古玺汇考》，安徽大学博士学位论文，2006 年，75 页，77 页，83 页，87 页，89 页。

萧　毅：《楚简文字研究》，武汉大学出版社，2010 年，16—23 页。

故宫博物院：http://www.dpm.org.cn/shtml/117/@/5984.html。

4. 阳门信鍴[1]

【图版】

【释文】

昜(阳)文(门)[2]身(信)[3]鍴(瑞)

【著录】

0364;《故宫博物院藏古玺印选》91

【注释】

[1] 燕玺。现藏于故宫博物院。

［2］文，读为“门”。阳门，今河北怀安县东北古曾置阳门镇、阳门县，玺文或与此地有关。

［3］身，读为“信”。

【延展阅读】

战国文字除了在形体结构上有差异外，在用字方面也有所不同。

燕玺中除借“文”为“门”外，还有借“闵”为“门”的，如“羊闵（门）騗（?）”（3414）、“羊闵（门）騗（?）”（3514）、“絴（羊）闵（门）鄦”（3498）等。

齐玺常借“闻”为“门”，如“闻（门）司马玺”（0030）、“右闻（门）司马玺”（0033）等。

三晋文字或用“门”，如“门枳袱”（4000）。有些“门”加有饰笔“＝”，如“上东门”（0170）。或借“闵”为“门”，如“昜（阳）闵（门）”（1674）、“下西闵（门）”（《珍秦斋藏印·战国篇》12）、“西闵（门）沽”（《珍秦斋藏印·战国篇》35）。

楚文字径用“门”，如“南门出玺”(0168)、“门”(包山 233)。

【参考文献】

裘锡圭:《战国文字中的“市”》,《考古学报》1980 年 3 期,285—296 页。后收入《古文字论集》,中华书局 1990 年,1—10 页;又《裘锡圭自选集》,河南教育出版社 1994 年,106—128 页。

吴振武:《〈古玺文编〉校订》,吉林大学博士学位论文,1984 年,822 条。又《〈古玺文编〉校订》,人民美术出版社,2011 年,306 页。

汤馀惠:《略论战国文字形体研究中的几个问题》,《古文字研究》第十五辑,中华书局,1986 年,9—100 页。

何琳仪:《战国文字通论》,中华书局,1989 年,99 页,1136 页。

刘　钊:《古文字构形研究》,吉林大学博士学位论文,1991 年,484—486 页。

裘锡圭:《“司马闻”“闻司马”考》,《古文字论集》,中华书局,1992 年,484—485 页。

何琳仪:《战国官玺杂释》,《印林》1995 年第 16 卷第 2 期(总 92 期),2—11 页。

曹锦炎:《古玺通论》,上海书画出版社,1996 年,87 页。

吴振武:《燕国玺印中的“身”字》,《胡厚宣先生纪念文集》,科学出版社,1998 年,196—199 页。

施谢捷:《古玺汇考》,安徽大学博士学位论文,2006 年,75 页,77 页,83 页,87 页,89 页。

5. 蓟都司工[1]

【图版】

【释文】

鬳[2]都司工[3]

【著录】

0082

【注释】

[1] 燕玺。

[2] 鬳，即《说文解字·舛部》的"羍"字，读为"郏"，即燕始都"蓟"。

[3] 司工，即"司空"，西周始置。与司徒、司马合称"三有司"，为朝廷大臣。主管土地及水利、营建之事，金文多作"司工"。《礼记·王制》："司空执度度地，居民山川沮泽，时四时，量地远近，兴事任力。"《诗·大雅·绵》："乃召司空，乃如司徒，俾立室家。"诸侯国与卿大夫也都设置。春秋鲁、郑、陈等国仍设置。宋因武公名司空，改称司城。汉成帝时改御史大

夫为大司空，职掌与周代的司空不同。

【延展阅读】

1. 蓟

禼在楚简和秦简中读为“害”。《说文解字·宀部》：“害，伤也。从宀从口。宀、口，言从家起也。丰声。”《说文解字·舛部》：“舝，车轴端键也。两穿相背，从舛；禼省声。禼，古文偰字。”辖、舝古通。《说文解字·辵部》：“䢩，无违也。从辵，舝声。读若害。”偰、郪二字的基本声旁就是“丰”，所以舝、郪二字可通。

《说文解字·邑部》：“郪，周封黄帝之后于郪也。从邑契声。读若蓟。上谷有郪县。”桂馥《说文解字义征》“郪”字条：“丁君杰曰：（蓟）盖高帝时置为燕国，昭帝元凤元年为广阳郡，宣帝本始元年更为国，世祖省并上谷，明帝永元八年复，许慎据世祖时省并而言之，故属上谷也。”

辽代以前，蓟之名称相沿不废，辽开泰三年改为析津县，贞元八年又更名为大兴，此后沿用。

有学者根据《水经注》所记水道推断，魏晋以前的蓟城具体位置“约在今北京外城之西北部”。建国以来的几次考古发现，不但证明了此说之正确，而且从发现的典型战国时代燕半瓦当来看，这里曾有战国宫殿建筑存在，从而进一步证实了这里就是燕国都蓟。

秦始皇二十一年，秦军拔燕之蓟城，燕王喜败走辽东。这一史实多次见于《史记》和《战国策》。《汉书·地理志》：“蓟，故燕国召公所封。”将此地作为国都的历史提前到燕国初封之时。

但是史籍中关于蓟的始封者的记载很不一致。除上面提到的外，《史记·周本纪》：“（武王）乃褒封……黄帝之后于祝，帝尧之后于蓟……封召公奭于燕……”《史记·乐书》：“封黄帝之后于蓟，封帝尧之后于祝。”《礼记·乐记》《韩诗外传》《说文解字》同此。张守节《史记正义》调和二难：“蓟微燕盛，乃并蓟居之。”此说为顾炎武、王先谦采用。近年的考古发现否定了这一说法。

新中国成立以来，北京房山县琉璃河墓葬遗址的发掘，陆续获得了几批西周早期燕国遗物，尤其是 1986 年发现的器盖同铭的太保器，学术界对其年代比较统一的认识是武成时期，其铭文内容反映的是燕国初封史实。琉璃河遗址是燕国的家族墓葬，说明燕国初封就在蓟，这样，前人那种燕国始封于燕山，后并蓟而居的说法是难以成立的。

2. 者都

“者”字较早的古文字形体，如者女觥、兮甲盘。

后来“者”字上部逐渐演变为“止”形，如中山王兆域图、陈侯午敦。

楚简文字中“者”字也有这种口旁左边有一斜笔的形体，如包山 27 号简。

后来出现了口旁左右两边都有斜笔的“者”字，如包山 4 号简的“箸”。

这时“者”字的下部已经和皿旁有些相似，于是出现了下部多一横的“者”字，如包山 227 号简、146 号简。

皿旁中间作“口”形或许是与“者”字相互影响的结果。下列“皿”形的变化，可以比较。如“益”(包山 117)、“盬”(包山 226)、“盬”(包山 181)、“监”(郭店语丛二 33)。

竹书中的“者”还有一些形体，见郭店五行45号简、语丛三59号简、26号简、上博缁衣13号简等。

与上举四字相似的形体也见三体石经中“诸”字古文、《说文》“旅”字古文。

燕文字中所谓的“都”字，以前主要有两种说法，一种认为是从者，一种认为是从旅，近来又有学者提出新的看法，认为这种形体是从袁的。

竹书、石经古文以及燕文字中“都”字所从应该是“者”。其下部的变化，可以看作是“皿”形中间的笔画延伸，贯穿底部横画，然后省略底部横画；也可以看作是由“口”形笔画下延后变化而成。中都戈(《殷周金文集成》10906)的“都”字还保留着“口”形的横画。

在这个变化过程明显受到“皿”“衣”“心”“口”等变化的影响。可以比较“衣”“心”“口”等形体的变化。

“衣”，如“裹”(信阳2—013)、“褱”(1358)。

“心”，如楚简包山220号简、242号简、古玺“心”(4499)。

“口”形，如“公”(包山37)、古玺“公”“芯”(3676)。

“穷”(郭店唐虞3)、“穷”(睡虎地为吏2)。

【参考文献】

孙海波:《魏三字石经集录》，大业印书局，1937年。

侯仁之:《关于古代北京的几个问题》，《文物》1959年9期，1—7页。

朱德熙:《战国陶文和玺印文字中的“者”字》，《古文字研究》第一辑，中华书局，1979年，116—120页。后收入《朱德熙古文字论集》，中华书局，1995年，109—112页;《朱德熙文集》第五卷“古文字论文”，商务印书馆，1999年，109—112页。

考古杂志记者:《北京琉璃河出土西周有铭铜器座谈纪要》，《考古》1989年10期，953—960页。

殷玮璋:《新出土的太保铜器及其相关问题》，《考古》1990年1期，66—77页。

董　珊:《古玺中的燕都蓟及其初封问题》，《江汉考古》1993年4期，

64—65 页，74 页。

李守奎：《〈说文〉古文与楚文字互证三则》，《古文字研究》第二十四辑，中华书局，2002 年，468—472 页。

魏宜辉：《楚系简帛文字形体讹变分析》，南京大学博士学位论文，2003 年，16—18 页，33—35 页。

赵立伟：《新材料与三体石经古文合证》，《汉字研究》第一辑，学苑出版社，2005 年，292—294 页。

赵平安：《论燕国文字中的所谓“都”当为“鄙”(县)字》，中国古文字研究会第十四届年会论文，2004 年；又《语言研究》2006 年 4 期，第 77—79 页。

萧　毅：《楚简文字研究》，武汉大学出版社，2010 年，121—126 页。

6. 鄗母司关[1]

【图版】

【释文】

鄗母[2]𤔲(司)閞(關)[3]

【著录】

0175;《故宫博物院藏古玺印选》36

【注释】

[1] 齐官玺。现藏故宫博物院。

[2] 鄗母,地名,或可读为"泥母",《左传·僖公七年》:"公会齐侯、宋公、陈世子款、郑世子华,盟于宁母。"注:"高平方与县东有泥母亭,音如宁。"《后汉书·郡国志》"泥母"作"宁母"。其地在今山东鱼台北。玺文鄗字反书。一般学者认为斤旁属于第三字。我们认为玺文右上的"豕"反

书，那么这个反书的斤旁属于第一字更合乎情理。

［3］司，从台从司，台、司共用口旁。司关，《周礼·地官·司关》："司关掌国货之节以联门市。司货贿之出入者，掌其治禁与其征廛。凡货不出于关者，举其货，罚其人。凡所达货贿者，则以节传出之。国凶札，则无关门之征，犹几。凡四方之宾客敂关，则为之告。有外内之送令，则以节传出内之。"

【延展阅读】

1. 司

读为"司"的这个字是个比较常见的双声字，或从台从𠃌，或从㠯从𠃌，或从㠯从司。古文字中构件㠯𠃌主要有下列一些写法：

A式：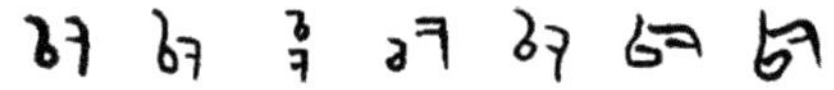

B式：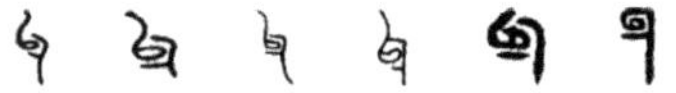

C式：

D式：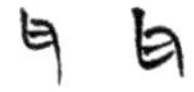

E式：

F式：

G式：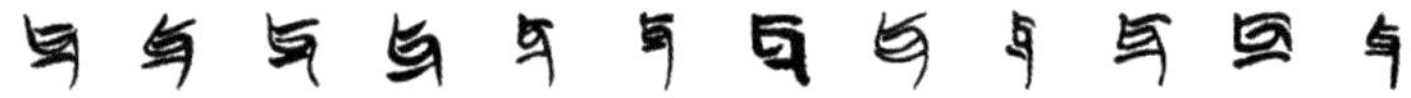

H式：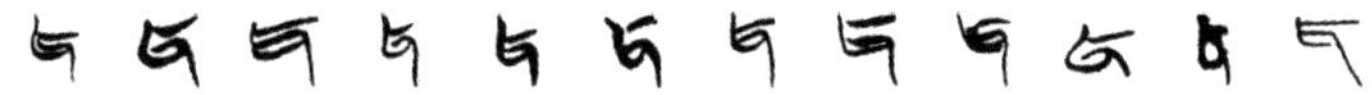

I式：

J式：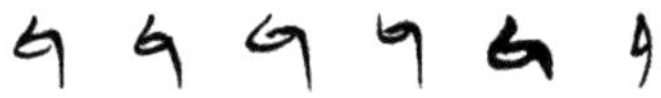

西周金文中，无论是独立使用还是作为声旁使用，两部分基本上是分开的。独立的，见遡盂、伯康簋等。作为声旁的，见伯六辞鼎、班簋等。

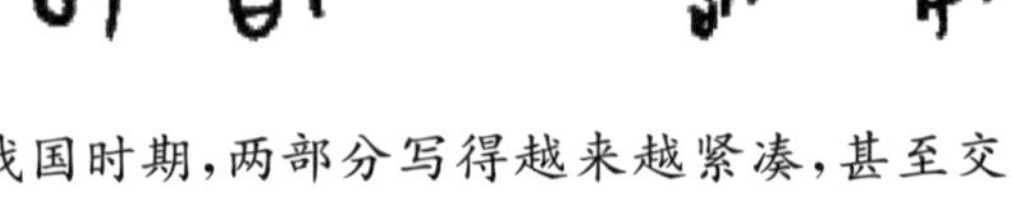

到了春秋战国时期，两部分写得越来越紧凑，甚至交错粘连在一起，

见齐鞄氏钟、上海博物馆藏战国竹书亘先 1 号简、凡物流形甲本 9 号简等。

战国竹简文字中更常见的写法是将“𠫭”写得与“牙(牙)”形相同或相似的。如望山 1 号简、包山 141 号简、上海博物馆藏楚竹书曹沫之陈 41 号简等。

古玺中也常见这个构件。如“淳于𠫭”(4029)、“𢗑”(5532)、“青毋𢗑”(0326)、“公孙𢗑”(《中国古印图录》31)。

古玺中的“司”也有用这个构件的,如“战丘司寇”(0071)。

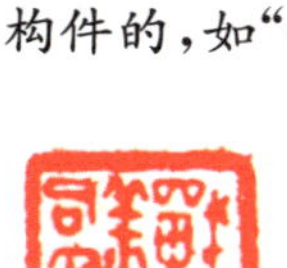

“乐阴司寇”(0073)从印面照片(《中国玺印篆刻全集·玺印上》一四六)看,也应该是这个构件。

2. 关门市税

战国时期，从事私营工商业的人要缴纳关税和市税。《周礼·天官·大宰》有“关市之赋”，《孟子·滕文公下》有“关市之征”，从《周礼》的记载看，当时还有门征。

（1）关税

古代的关主要是为了防卫，《孟子·尽心上》：“古之为关者，将以御暴。”赵歧注：“古之为关，将以御暴乱，讥闭非常也。”东周以来，关卡也对出入的民众征税。《左传·昭公二十年》：“偪介之关，暴征其私。”杜预注：“迫近国都之关。”《战国策·魏策三·魏将与秦攻韩》：“通韩之上党于共、莫，使道已通，因而关之，出入者赋之，是魏重质韩以其上党也。”

掌管关卡各项事物的职官是司关。《周礼·地官·司关》：“司关，掌国货之节以联门市。司货贿之出入者，掌其治禁与其征廛。凡货不出于关者，举其货，罚其人。凡所达货贿者，则以节传出之。国凶札，则无关门之征，犹几。凡四方之宾客敂关，则为之告。有外内之送令，则以节传出内之。”郑玄注：“征廛者，货贿之税与所止邸舍也。”贾公彦疏：“谓关上以货出入，有税物。”

还有负责关卡事务的武官，如“密关敱”（《中国玺印篆刻全集·玺印上》六三，又见0174）、“密关将玺”（0176）。

古玺中还有一些关，如齐“鉨（祢）关”（0172）、“关行人”（0173）。

三晋“句丘关”(0340)。

楚“高陲串(关)”(0311)。

其他出土材料中也有相关记载。

齐器有“左关”,如陈纯釜(《殷周金文集成》10371)。

包山149号简有“关金”：“陵让尹塙以杨虎敛关金於邾敓，□仿之新阳一邑、灵地一邑、历一邑、鄗一邑、房一邑、佁楮一邑、新佁一邑，与其𦉪：女繇一赛，浧𦉪一赛、滃𦉪一赛、斪𦉪一赛。不量其关金，将诽之於其尹令。陵让尹之相阳余可内之。”“关金”似即关税。

（2）门税

《周礼·地官·司门》：“司门掌授管键，以启闭国门。几出入不物者，正其货贿，凡财物犯禁者举之，以其财养死政之老与其孤。”郑玄注：“正读为征。征，税也。”

《左传·文公十一年》：“宋公于是以门赏耏班，使食其征，谓之彤门。”杜预注：“门，关门；征，税也。”王引之《经义述闻》卷十七“以门赏耏班”条主张耏门是国都之门，不是关门。

古玺中有较多的“门”，多冠以地名或方位。如“閔门”（2656）、“墳阳门”（0171）、“昌闵（门）”（3075）、“旻门”（《珍秦斋藏印·战国篇》13）、“上东门玺”（0169）、“下南闵（门）”（2244）、“下西闵（门）”（3077）、“北门”（《中国玺印类编》282页）等。

新蔡所出战国封泥中有不少与“门”相关，如“东门贩”（《收藏》2003年3期5页）、“北门贩”（《文物》2005年1期58页）。

（3）市税

《周礼·地官·廛人》："廛人掌敛市絘布、緫布、质布、罚布、廛布而入于泉府。"江永："絘布，市之屋税；緫布，货贿之正税；廛布者，市之地税也。"对长期在官市中经营的本地的小手工业劳动者而言，他们应缴纳的税类主要是市肆税（絘布）和交易税（緫布）。

战国秦汉时期，城邑中的市是封闭式结构，四周有围墙，大抵四面各开一门。市内有提供给私营工商业者的整齐的经营场所——列肆。市肆由官府修建，手工业者利用市肆出售产品就需交税，这种税被称为"絘布"。《周礼·地官·廛人》郑司农注曰："絘布，列肆之税也。"《释文》："絘，或本作次。""絘布"即"次布"，指市肆税。

其次要缴纳交易税（大致应相当于现在的"增值税"）。交易税又称为市租。《商君书·外内》："欲农富其国者，境内之食必贵，而不农之征必多，市利之租必重。"《史记·齐悼惠王世家》云："齐临淄十万户，市租千金。"《索隐》："市租，谓所卖之物出税，日得千金。"

关、门、市之间是相互联系的。

《周礼·地官·掌节》："门关用符节，货贿用玺节，道路用旌节，皆有期以反节。"《周礼·地官·司关》："掌国货之节，以联门市。"郑玄："自外来者，则案其节，而书其货之多少，通之国门，国门通之司市。自内出者，司市为之玺节，通之国门，国门通之关门。参相联以检猾商。"惠士奇进一步认为："自外入者征于关，关移之门，门移之市，所谓征于关者勿征于市也。自内出者征于市，市移之门，门移之关，所谓征于市者勿征于关也。"如果商品已由司市征税，那么经过门、关时就不再征税；反之，如果商品从他国输入，则首先由司关征税，司门、司市也就不再征税。

如果商品从市中运出，那么首先由市吏征收货物出市之税（相当于过门、过关之税），由司市抑盖玺印，途经门、关，则验明玺节，同时发给门、关所用的符节，此时就不需要缴纳门、关之税。这就是"征于市者勿征于关"的涵义。有些商品并非从官市中运出，则需要征收门税，由司门之吏加盖玺节，并发放符节，出关时就不需要缴纳关税。如果商品直接出关，直接缴纳关税，发放符节即可。就后两种情况而言，不大可能要求他们先折回市中缴税。这也可以说明，司市所征的只是相当于过门、关的出市之税。

商品自他国运入，首先由关吏征税，加盖玺印，并发给过门、人市的符节，此后便不需要征收过门、人市之税。这就是“征于关者勿征于市”的涵义。商品在进入市场时，也要经有关官吏验明玺节，才能上市，否则予以处罚。睡虎地秦简《法律答问》184号简：“客未布吏而与贾，赀一甲。”就是说客还没有把凭证送交官吏就交易，罚一甲。

《周礼·地官·掌节》：“门关用符节，货贿用玺节，道路用旌节，皆有期以反节。”所谓通货贿的玺节，不但是为了证明运输中的货贿并非不正当的物品，而且还可以作为征税的凭证。

古玺中“勿征关玺”（0295、《中国玺印篆刻全集·玺印上》一八七）、“南门出玺”（0168）、“□市之出玺”（0267）、“龙市出玺”（《中国书法》2012年11期，49页）等应是这种性质的玺节。

【参考文献】

石志廉:《战国古玺考释十钟》,《中国历史博物馆馆刊》1980 年总 2 期,108—113 页。

朱德熙、裘锡圭:《战国时代的“料”和秦汉时代的“半”》,《文史》第八辑,中华书局,1980 年,1—4 页。后收入河南省计量局主编《中国古代度量衡论文集》,中州古籍出版社,1990 年,286—292 页;《朱德熙古文字论集》,中华书局,1995 年,115—120 页;《朱德熙文集》第五卷“古文字论文”,商务印书馆,1999 年,115—120 页。

汤馀惠:《楚玺两考》,《江汉考古》1984 年 2 期,50—51 页。

裘锡圭:《说“以”》,《古文字论集》,中华书局,1992 年,106—110 页。

何琳仪:《战国文字形体析疑》,《于省吾教授百年诞辰纪念文集》,吉林大学出版社,1996 年,224—227 页。

萧　毅:《〈古玺汇编〉释文订补(摘录)》,武汉大学硕士学位论文,1998 年,15 页。

周晓陆、路东之:《泥上的历史与古城——东周封泥发现记》,《收藏家》2003 年 3 期,2—5 页。

何琳仪、胡长春:《释贩》,《第四届国际战国古文字学研讨会论文集——新世纪的古文字与经典诠释》,2003 年,523—528 页。

周晓陆、路东之:《新蔡故城战国封泥的初步考察》,《文物》2005 年 1 期,51—61 页。

施谢捷:《说“訇(訇匀冋)”及相关诸字(上)》,《出土文献与传世典籍的诠释》,上海古籍出版社,2010 年,47—66 页。

陆德富:《战国时期的关市与山泽之赋》,《中国社会经济史研究》2012 年 1 期,1—7 页。

7. 徙盐之玺[1]

【图版】

【释文】

徙盐[2]之玺

【著录】

0202;《上海博物馆·中国历代玺印馆》;《中国玺印篆刻全集·玺印上》一二七

【注释】

[1] 齐玺,现藏于上海博物馆。

[2] 徙,从尾从少从辵,少即沙粒,也象碎米之形,故或从米。后来“少”讹作“止”。盐,从卤从皿。“徙盐”就是运盐,“徙盐之玺”应是在盐的流通过程中使用的官印。玺文二字,或读为“徙甿”,或读为“誓盟”,或读

为“选矿”。

【延展阅读】

1. 形制

这种印面边缘有凸起的形制很有地域特色，目前仅见于齐官玺。印面无框格。

除这方“徙盐之玺”外，上部凸起的有“徙盐之玺”(0200)、“徙盐之玺”(0201)、“易都邑□徙盐之玺”(0198、《中国玺印篆刻全集·玺印上》一二六)、“徙盐之玺”(《吉林大学藏古玺印选》1)等。

下部凸起的，少见，如“善昜飤玺”(0286)。

传世还有上下部均有凸起的，如两方“齐立邦玺”，一见《汉瓦研斋古印丛》，一见《师米斋所藏古铜印》，疑伪。另有一方四边有多处凸起的，则为伪印无疑。

2. 盐

齐玺中较多徙盐玺的存在，反映出齐国盐生产规模较大。传世文献中也有与此相关的记载。

《战国策·赵策二·苏秦从燕之赵始合纵》苏秦说赵王：“大王诚能听臣，燕必致毡裘狗马之地，齐必致海隅鱼盐之地，楚必致橘柚云梦之地……”

《管子·轻重甲》：“管子对曰：‘楚有汝汉之黄金，而齐有渠展之盐，燕有辽东之煮，此阴王之国也。且楚之有黄金，中齐有蔷石也。苟有操之不工，用之不善，天下倪而是耳。使夷吾得居楚之黄金，吾能令农毋耕而食，毋织而衣。今齐有渠展之盐，请君伐菹薪，煮泲水为盐，正而积之。’桓公曰：‘诺！’十月始正，至于正月，成盐三万六千钟。召管子而问曰：‘安用此盐而可？’管子对曰：‘孟春既至，农事且起。大夫无得缮冢墓，理宫室，立台榭，筑墙垣。北海之众，无得聚庸而煮盐。若此，则盐必坐长而十倍。’桓公曰：‘善！行事奈何？’管子对曰：‘请以令粜之梁赵宋魏濮阳。彼尽馈食之也，国无盐则肿。守圉之国，用盐独甚。’桓公曰：‘诺！’乃以令使粜之，得成金万一千馀斤。桓公召管子而问曰：‘安用金而可？’管子对曰：‘请以令使贺献出正籍者必以金，金坐长而百倍，运金之重以衡，万物尽归于君。故此所谓用，若挹之于河海，若输之给马，此阴王之业。’”

《国语·齐语》记载桓公“通齐国之鱼盐于东莱，使关市幾而不征，以为诸侯利，诸侯称广焉”。韦昭注：“幾，幾异服、识异言也。征，税也。取鱼盐者不征税，所以利诸侯、致远物也。”可见齐国是通过关市来对制、售盐者进行征税的。

包山147号简有煮盐于海的记载："陈□、宋献为王煮盐于海，爰屯二儋(担)之食、金铚(鈑)二铚(鈑)。将以成收。"

煮盐之事，古籍常见。

《周礼·天官·盐人》："凡齐事，煮盐以待戒令。"

《史记·平准书》："冶铸煮盐，则或累万金，而不佐国家之急，黎民重困。"又："(东郭)咸阳，齐之大煮盐，孔仅，南阳大冶，皆致生累千金，故郑当时进言之。"

《汉书·蒯伍江息夫传》："采山铜以为钱，煮海水以为盐。"《爰盎晁错传》："吴王即山铸钱，煮海为盐。"

《盐铁论·错币》："文帝之时，纵民得铸钱、冶铁、煮盐。"同书《复古》："往者，豪强大家，得管山海之利，采铁石鼓铸，煮海为盐。"又《刺权》："鼓铸煮盐，其势必深居幽谷，而人民所罕至。"

秦汉时期的玺印封泥中也可见到盐官。秦印"琅左盐丞"(《上海博物馆藏印选》29页)。

秦封泥"江左盐丞"(《秦封泥汇考》411)、"江右盐丞"(《秦封泥汇考》414)、"琅邪左盐"(《秦封泥汇考》61页、《古封泥集成》2043)、"西盐"(《秦封泥汇考》409)。

汉印“海右盐丞”(《故宫博物院藏文物珍品大系·玺印》148)。

汉封泥“楗左盐丞”(《古封泥集成》2044)。

【参考文献】

宋书升:《〈续齐鲁古印攈〉序》,《续齐鲁古印攈》,上海书店,1989 年,4—5 页。

葛英会:《战国齐“徙甿”玺与“爰土易居”》,《中国历史博物馆馆刊》

1991 年 15 期、16 期合刊，43—46 页。后改题为《释战国齐“徙甿”之玺》，作为《古玺印文字考释(两篇)》之一，刊于北京大学中国传统文化研究中心编《北京大学百年国学文粹・考古卷》，北京大学出版社，1998 年，373—376 页。

刘　钊：《谈包山楚简中有关“煮盐于海”的重要史料》，《中国文物报》43 期 3 版，1992 年 10 月 18 日。

曾宪通：《论齐国“遥盈之玺”及其相关问题》，《华学》第一辑，中山大学出版社，1995 年，72—81 页；《容庚先生百年诞辰纪念文集》，广东人民出版社，1998 年，619—636 页。后收入《古文字与出土文献丛考》，中山大学出版社，2005 年，181—192 页。

赵平安：《战国文字中的盐及相关资料研究》，《华学》第六辑，紫禁城出版社，2003 年，107—113 页。又《考古》2004 年第 8 期，56—61 页；又《新出简帛与古文字古文献研究》，商务印书馆，2009 年，131—142 页。

刘洪涛：《战国官印考释两篇》，复旦大学出土文献与古文字研究网，http://www.gwz.fudan.edu.cn/SrcShow.asp?Src_ID=1666，2011 年 9 月 27 日。

李守奎：《据清华简〈系年〉“克反邑商”释读小臣单觯中的“反”与包山简中的“鈑”》，《简帛》第九辑，上海古籍出版社，2014 年，129—136 页。

上海博物馆：http://www.shanghaimuseum.net/cn/dcjx/xy_view.jsp?id=112&lb=0&sd=5&isjp=0。

8. 东武城工师玺[1]

【图版】

【释文】

东武城[2]攻(工)帀(师)[3]玺

【著录】

0150;《故宫博物院藏古玺印选》24;故宫博物院网站

【注释】

[1] 齐玺。印面 23 mm×23 mm,通高 12 mm。现藏于故宫博物院。

[2] 东武城,《史记·平原君传》:“平原君相惠文王及孝成王,三去相,三复位,封于东武城。”赵地东武城与齐国接境,可能此地一度属齐。

[3] 攻帀,读为“工师”。《礼记·月令》:“是月也,命工师效功,陈祭器,按度程。”郑玄注:“工师,工官之长也。”玺文“攻(工)帀(师)”“玺”均为齐文字写法。

【延展阅读】

1. 界格

这种加有两条竖向直线跟边框组成侧立的“目”形界格，不仅在齐玺中少见，在其他系别中也很少见到。除这方官玺外，在私玺中也只是偶尔可见，如齐私玺“王□□信玺”(《上海博物馆藏印选》21页、《中国玺印篆刻全集·玺印下》二三)。

齐方形官玺，多白文，边长23 mm(约相当于当时的1寸)左右的较多。一般有边框。如鉩(钛)“司徒市(师)”(0019)、“司马之玺”(0024)、“右闻(门)司马”(0031)。

齐官玺中，有不少中间加一竖向直线与边框成侧立的“日”字形。如“司马之玺”(0026)、“司马敀玺”(0034)、“左中库司马”(0047)。

此外，还有少数加“十”字形与边框组成人们常说的“田”字格的，如“郙市币(师)玺”(0152)、“左司马竘”(5540)等。

2. 玺

古玺文字中“玺”字形体有很多变化，其中有些变化正是其地域差异的表现。前人有较多的研究，有些地域特征已经成为大家的共识，笔者也有过较为详细的分析研究。这里只作个大致的描述。

古玺文字中的尒旁大体可分为以下类型：

A 型，。中部笔画横平竖直，作“十”字形，两侧笔画平行于中竖，无饰笔。

B 型，。中部笔画横平竖直，作“丅”形，无饰笔。

C 型，。中部笔画横平竖直，作“十”字形，两侧笔画外撇作“八”形，无饰笔。

D 型，。中部笔画横平竖直，作“十”字形，两侧笔画外撇作“八”形，有饰笔。

E 型，。上部作“∧”形，无饰笔。

F 型，。上部作“∧”形，中画上部有饰笔。

G 型，。上部作“∧”形，中画中部有饰笔。

H 型，。上部作“∧”形，中画下部有饰笔。

I 型，。上部作“∧”形，尒旁两点与上部“∧”相连。

J 型，。上部作实心三角形。

K 型，。上部及两侧笔画作弧形。

L 型，，中部笔画横平竖直，作“十”字形，从四点。这类形体有学者认为不是尒旁。

根据“玺”字形旁的有无或不同，主要的可以分为单作“尒”、从土、从金等，金旁又有等形。

单作“尒”的古玺可确定系别的多为晋玺。单作“尒”的古玺有相当一部分是单字玺，从文字形体和风格看，这些单字玺大多与晋玺相似，或许可以认为单作“尒”的古玺多为晋玺。如“敬尒”(4251)、“厶公之尒”(4838)、“生尒”(4572)。

从土从尒的玺字可确定系别的多为晋玺。如“厶坾”(4618)、“厶公之坾”(4835)、“仓守坾”(0341)。

金旁作■形，上部作三角状，四点与中竖平行。金旁作■形的“玺”字具齐玺文字特征。这些尒旁有一共同点，即中部笔画横平竖直，作“十”字形或“丅”形，竖画上无饰笔。如“瘿庆信玺”(0236)、“卑将匠刍信玺”(0234)、“右闻(门)司马玺”(0033)。

金旁作■形，上部作三角状，四点微微外撇，置于较长的三横画之间。其中“尒”为A型、J型属齐，如“右司马玺”(5542)、“尚路玺”(0328)。

其他的多属楚，如“竽玺”(0346)、“高府(府)之玺”(0132)、“司寇之玺”(0065)。

金旁作形，四点外撇，多超出较短的三横画（中画或为点）之外。这类“玺”字种类多，归属复杂，但仍可看出以楚为多，如“畋玺”（0270）、“鱼玺”（0347）、“士尹之玺”（0146）、“郢閼愧大夫玺”（0183）、“郛里之玺”（0180）、“流飤之玺”（0212）。

燕、齐次之。如燕玺“郻（易）娄帀（师）玺”（0159）、齐玺“左廪之玺”（0227）。

金旁作，上部为菱形。其中“尒”为A型、B型、C型的多属齐，如“戠（职）内市（师）玺”（0154）、“司马之玺”（0023）、“司马攼玺”（0036）。

I型属楚。如：“戠（织）室之玺”（0213）、“�玺”（3596）等。

金旁省从三点。这类金旁见于齐、燕，如燕玺“帚昜（阳）娄市（师）玺”（0158）、齐玺“徙盐之玺”（0200）。

金旁省从两点，仅见于齐玺。如“维□京之玺”（0225）。

金旁作、、等形，基本上为楚玺，如“新邦官玺”(0143)、“伍官之玺”(0135)、“安昌里玺”(0178)。

就“玺”字形旁的有无和不同来看，单作“尒”者多属晋；从土者多属晋；从金者多属楚、燕、齐，其中作“”“”等形者多属齐，作“”“”等形者多属楚，金旁四点省作二点者多属齐，省作三点者多属齐、燕。

就“玺”字声旁的不同来看，作“”(A型)者多属晋、齐，间有属楚者；作“’(B型)者多属晋、齐；作“”(C型)者多属晋、齐、楚；作“”(D型)者多属楚；作“”(E型)者多属晋、楚、齐；作“”(F型)者多属楚、燕；作“”(G型)、“”(H型)、“”(I型)等形者多属楚；作“”(J型)者多属齐、晋；作“”(K型)者多属晋。

就各系来说，古玺文字中“玺”字的地域特征如下：

1. 楚系玺字多从金从尒，作“”“”“”等形；金旁多作“”“”“”等形，其中作“”为他系所无；尒旁大多作“”“”等形。

2. 燕系玺字多从金从尒，较为少见，特征不显；金旁四点多有省略；尒旁作“”“”等形。

3. 齐系玺字多从金从尒，作“”“”“”等形；金旁形体较多，以“”“”形多见，其中“”形多见于齐；尒旁大多作“”“”等形。

4. 晋系玺字多作“”“”等形；或从土，或径作尒；尒旁大多作“”形。

【参考文献】

汤馀惠：《略论战国文字形体研究中的几个问题》，《古文字研究》第十五辑，中华书局，1986年，9—100页。

何琳仪：《战国古文字典》，中华书局，1998年，第1249页。

萧　毅:《古玺文字研究》,中山大学博士学位论文,2002 年,97—102 页。

萧　毅:《古玺所见“玺”字的地域特征》,《简帛》第二辑,上海古籍出版社,2007 年,71—79 页。

吴振武:《谈齐“左掌客亭”陶玺——从构形上解释战国文字中旧释为“亳”的字应是“亭”字》,《社会科学战线》2012 年 12 期,200—204 页。

赵平安:《“京”、“亭”考辨》,《复旦学报》(社会科学版)2013 年 4 期,87—169 页。

故宫博物院:http://www.dpm.org.cn/shtml/117/@/6205.html。

9. 尚路玺[1]

【图版】

【释文】

尚[2]徻(路)[3]玺

【著录】

0328;《故宫博物院藏文物真品大系·玺印》6;《故宫博物院藏古玺印选》45

【注释】

[1] 齐玺。印面 25 mm×25 mm。现藏于故宫博物院。

[2] 尚,读为"掌",主也。朱骏声《说文通训定声·壮部》:"尚,假借为掌。"《广雅·释诂三》:"尚,主也。"王念孙疏证:"尚之言掌也。"

[3] 路,读为"路车"之"路",路,大也。路车,古代天子或诸侯贵族所乘的车。《诗·大雅·韩奕》:"其赠维何? 乘马路车。"郑玄:"人君之车曰

路车。”尚路，当即《周礼》“典路”。《周礼·春官·典路》：“掌王及后之五路，辨其名物与其用说。若有大祭司，则出路，赞驾说。大丧、大宾客亦如之。凡会同、军旅、吊于四方，以路从。”

【延展阅读】

古代官名有作“尚某”或“掌某”者。

《周礼》太宰的属官有“掌皮”“掌次”“掌舍”，大司徒的属官有“掌节”“掌炭”“掌荼”等。

三晋玺印中有“左库尚岁”(《鸭雄绿斋藏中国古玺印精选》010)。

“尚岁”大概是“职岁”的异名。职岁见于《周礼·天官》，掌财务支出。也见于古玺，如“职岁之玺”(0205)、“后职岁玺”(3759)。

秦置六尚。

“秦置六尚，谓尚冠、尚衣、尚食、尚沐、尚席、尚书。”(《通典·职官八》注引《汉仪注》)

“尚冠”“尚衣”，战国时期的韩国称“典冠”“典衣”，古代“掌”“典”同义。《韩非子·二柄》：“昔者韩昭侯醉而寝，典冠者见君之寒也，故加衣於君之上。觉醒而说，问左右曰：‘谁加衣者?’左右对曰：‘典冠。’君因兼罪典衣与典冠。其罪典衣，以其失其事也；其罪典冠，以为越其职也。”

秦玺印封泥中也有“尚某”。

秦印如“南宫尚浴”(故宫博物院官网、《故宫博物院藏古玺印选》228)。

封泥如“尚浴”(《秦封泥集》一·二·65.5)、“尚浴府印”(《秦封泥集》一·二·66.2)。

“尚衣府印”(《秦封泥集》一·二·64.1)、“尚衣府印”(《新出土秦代封泥印集》45 页)。

“尚卧”(《秦封泥集》一·二·68.1)。

“尚佩府印”(《新出土秦代封泥印集》48 页)、“尚佩”(《秦封泥集》一·二·67.1)。

“尚帷中御”（《新出土秦代封泥印集》44 页）、“尚御弄虎”（《新出土秦代封泥印集》45 页）。

“尚冠府印”（《新出土秦代封泥印集》46 页）、“尚冠”（《新出土秦代封泥印集》46 页）。

汉置五尚。

《汉书·惠帝纪》“宦官尚食比郎中”颜师古注引应劭曰：“尚，主也。旧有五尚，尚冠、尚帐、尚衣、尚席亦是。”五尚，即尚食、尚冠、尚衣、尚帐、尚席（《汉仪注》）。汉印中有“尚浴”（《故宫博物院藏古玺印选》314）。

【参考文献】

罗福颐:《古玺印概论》,文物出版社,1981 年,17 页,46 页。

汤馀惠:《略论战国文字形体研究中的几个问题》,《古文字研究》第十五辑,中华书局,1986 年,9—100 页。

何琳仪:《战国文字通论》,中华书局,1989 年,90 页。

李家浩:《战国官印"尚路玺"考释》,《揖芬集》,社会科学文献出版社,2002 年,329—331 页。

故宫博物院:http://www.dpm.org.cn/shtml/117/@/7946.html。

10. 密关劇[1]

【图版】

【释文】

密关[2]劇[3]

【著录】

《中国玺印篆刻全集·玺印上》六三;0174

【注释】

[1] 齐玺。现藏于故宫博物院。

[2] 密,旧多释“武”,误。此字下从山,非从止。齐陶文“楚郭□密里腊”(《陶文图录》2.393.4)、“高密材鋫”(私人藏品)中的“密”也省略了“宀”。密关,或与密水有关。

[3] 劇,当读为“𧇊”。《广雅·释言》:“将、𧇊,帅也。”字又作“渠”,《汉书·刘濞传》:“胶西王、胶东王为渠率(帅),与菑川、济南共围临菑。”“渠

帅”犹言“将帅”。“渠”“皭”“叡”三字音近，可以通用。“密关叡”即“密关”这个地方的将帅。古玺还有“密关将玺”(0176)。

【延伸阅读】

齐文字中的“關”，从门从廾。如“密關将玺”(0176)、“豚(祢)關”(0172)、“關行人”(0173)。

三晋玺中的“關”也从门从廾。如“句丘關”(0340)、布币“干關”(《古钱大辞典》333)。

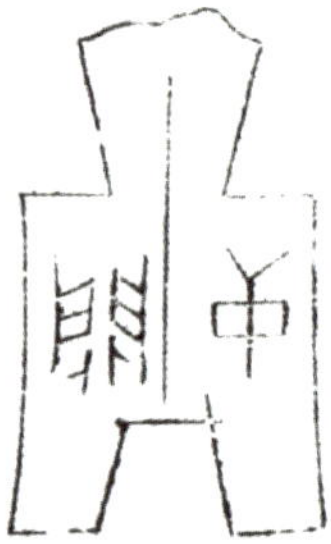

楚文字中的“關”从门从串。古玺如“勿征關玺”(0295、《中国玺印篆刻全集·玺印上》一八七)、金文如“關”(鄂君启节)、楚简如“關”(包山34)、“關”(包山138)。

楚文字中的“聯”，也从串，如楚玺“登聯”(5663)、楚简“聯”(包山265)、“聯”(望山2—2)。

在较晚的文字中，楚地还可以看到从串的“關”字。如“關”(马王堆老子甲本145)。

【参考文献】

李家浩：《楚国官印考释(四篇)》，《江汉考古》1984年2期，44—49页。后收入《著名中年语言学家自选集·李家浩卷》，安徽教育出版社，2002年，125—140页。

11. 十四年十一月师绍[1]

【图版】

【释文】

十四年十一月帀(师)[2]绍[3]

【著录】

《中国历代玺印艺术》13;《浙江省博物馆典藏大系·方寸乾坤》34 页

【注释】

[1] 三晋玺。印面 30 mm×30 mm,通高 16 mm。现藏于浙江省博物馆。

[2] 帀,即“师”,“工师”的省称。参看本书“8. 东武城工师玺”。

[3] 绍,工师名。旧多误释为“给”。

【延伸阅读】

在传世玺印中这类内容极其少见，曾有学者因此将此玺订为赝品。战国燕陶文屡见“某年某月左陶尹”“某年某月右陶尹”戳印，文例与此玺相似。齐陶文中也有记月的戳印“杏(大)坊(市)九月”(《古陶文汇编》3.656)、“杏(大)坊(市)咸月”(同上 3.658)。

更为重要的是，1979 年在山东省枣庄市齐村区渴口乡刘庄东南小河东岸山坡下的战国墓中出土的一件圆形铜泡，背面铸有反书铭文“十四年十一月巿(师)绍。”(《殷周金文集成》11862)

将铜泡与此玺相较，不仅文字内容相同，而且文字大小也相合。此玺为真品，当毋庸置疑。

这种原印跟用印遗迹到现在还能同时看到，真是不易。

或谓《玺印集林》所著录之同文玺印，“其文字笔画略粗，并有边栏，且‘年’字右上笔与‘四’字最下一横笔斜连，与古文字‘年’字结构不合，显然是仿上玺而伪作”。不可信。

或云：“至于《玺印集林》所收，我曾取以比较，两者套合之后，仍为一印，只是后者所钤，印泥过浓过重，因而笔画较粗，年字右上一笔斜连之部乃钤印时印泥过重所率连而出，并非原印原有，至于边框有无，也和印泥浓湿、钤印轻重有关，作者据旧本所摹此印，亦稍有边框，但仅存右角，可以旁证和钤印轻重有关。”是也。

传世还有用“郙坊(市)帀(师)玺”(0152)抑印的戳印，见《天津师院学报》1978 年 2 期封三：2。

【参考文献】

李先登：《天津师院图书馆藏陶文选释》，《天津师院学报》1978 年 2 期，92—94 页、封三。

裘锡圭：《战国文字中的“市”》，《考古学报》1980 年 3 期，285—296

页。后收入《古文字论集》,中华书局 1990 年,1—10 页;又《裘锡圭自选集》,河南教育出版社,1994 年,106—128 页。

黄盛璋:《关于鲁南新出赵导工剑与齐工师铜泡》,《考古》1985 年 5 期,460—465 页。

枣庄市博物馆:《鲁南出土两件铭文铜器》,《考古》1985 年 5 期,476—477 页。

曹锦炎:《古玺文字中的"="符》,《印学论谈——西泠印社九十周年论文集》,西泠印社出版社,1993 年,228—232 页。

董 珊:《战国题铭与工官制度》,北京大学博士学位论文,2002 年,124—125 页。

董 珊:《"弌日"解》,《古代文明研究通讯》2005 年总第 25 期。又《文物》2007 年 3 期,58—61 页。

施谢捷:《古玺汇考》,安徽大学博士学位论文,2006 年,60 页。

赵平安:《唐子仲儿盘匜"咸"字考察》,《中国历史文物》2008 年 2 期,73—77 页;又《金文释读与文明探索》,上海古籍出版社,2011 年,25—32 页。

12. 文台西疆司寇[1]

【图版】

【释文】

文枱(枱—台)[2]西彊(疆)[3]司寇(寇)[4]

【著录】

0079;故宫博物院网站;《故宫博物院藏文物珍品大系·玺印》38

【注释】

[1] 三晋玺。印面 16 mm×16 mm,通高 15 mm。现藏于故宫博物院。

[2] 文枱(枱),读为"文台",地名。《史记·魏世家》:"无忌谓魏王曰:……从林乡军以至于今,秦七攻魏,五入囿中。边城尽拔,文台堕,垂都焚,林木伐,麋鹿尽,而国继以围……"《括地志》:"文台在曹州冤句县西北六十五里也。"地在今山东省东明县东北。

[3] 彊,读为"疆"。《说文解字·畕部》:"畺,界也。从畕,三,其界画

也。疆，畺或从彊土。”

［4］司寇，西周始置，掌刑狱、纠察等事。春秋各诸侯国亦置此官，宋有大司寇、少司寇，楚、陈等国称司败。战国时楚、韩等国沿用，韩国于县令下也设司寇。此为战国时期魏国管理文台西部疆界事务的司寇。《周礼·夏官》有“掌疆”之职。

【延展阅读】

1. 形制

三晋官玺，大都为朱文。坛钮，有坡形钮座。一般在 15 mm 左右，约相当于战国时期的 0.65 寸。虽然印面比其他系别要小，一般说来还是比三晋私玺略大。如“阳州左邑右朩司马”(0046)、“骑右将”(0048)、“右司马”(0056)。

较小些的与私印仿佛，如“武遂大夫”(0103、故宫博物院网站、《故宫博物院藏文物珍品大系·玺印》34)。

2. 疆

古文字中“疆”常作“彊”，如中山王圆壶“竹胄亡彊”、青山木牍“正彊畔”等。

传世文献中“疆”也常作“彊”。《尔雅·释诂下》：“彊，垂也。”郝氏《义疏》：“(疆)又通作彊。贾子《审微篇》云：启彊辟彊，天子之号也。彊即疆字。《史记·越世家》云越王无彊，《越绝书》作无疆，皆其证也。”《汉书·文帝纪》：“遂弟辟彊。”颜师古注：“辟彊……一说辟读曰闢，彊读曰疆。闢疆，言开土地也。”

疆，界也，境也。《说文解字·畕部》："畺，界也。从畕，三，其界画也。疆，畺或从彊土。"《礼记·曲礼下》："大夫私行，出疆必请，反必有献。"孔颖达疏："疆，界也。"《左传·桓公十七年》："夏，及齐师战于奚，疆事也。"

古之疆界有专门机构管理。《周礼·地官·大司徒》："而辨其邦国都鄙之数，制其畿疆而沟封之，设其社稷之壝而树之田主，各以其野之所宜木，遂以名其社与其野。"《周礼·夏官·大司马》："制畿封国。"《周礼·夏官·序官》有"掌疆"之职："掌疆，中士八人，史四人，胥十有六人，徒百有六十人。"一般认为是掌守疆界之事。

疆又见于"石城彊（疆）司寇"（0078）、"城彊（疆）"（1310）、"莫邑彊（疆）"（2254）等。

或认为"西疆"即"西界"，或认为"文枱（枱）西彊（疆）司寇""当指掌管文台所在苑囿之西部地区的司寇"。按"疆司寇"或为管理疆界事务的司寇。虽然《周礼·秋官》大司寇一职掌刑狱纠察等事，但战国时期兵刑合一，于疆设司寇之职，自可理解。从玺文"西疆司寇"（0079）看，或许还有"东疆司寇"等也未可知。

疆分东南西北，也见于金文和楚简。五祀卫鼎："乃舍寓（宇）于厥邑，厥逆（朔）疆眔厉田，厥东疆眔散田，厥南疆眔散田眔政父田，厥西疆眔厉田。"包山楚简也有类似的记载："啻蘆之田，南与鄝君距疆，东与蔆君距疆，北与鄝昜距疆，西与鄱君距疆。"（包山153），另有一简与此相类，"距疆"作"执疆"（包山154）。

3. 莫邑彊（疆）（2254）

玺文右半有"莫""邑"两个形体，一上一下，由于印面大小的限制，古玺文字偏旁的换位现象较为常见，从这一点看，这两个形体的确有可能作为一个字。不过"莫""邑"这两个形体所占位置相当，联系也不紧密，且三晋古玺文字中从邑旁的字多为左右结构，少有作上下结构者，玺文很可能是"莫""邑"两个字，而不是一个上下结构的字。

莫邑，也见于典籍和其他出土文献，或作“鄚”，或作“莫”。

《史记·扁鹊仓公列传》：“扁鹊者，勃海郡郑人也……”《集解》徐广曰：“‘郑’当为鄚。鄚，县名，今属河间。”《索隐》：“勃海无郑县，当作鄚县，音莫，今属河间。”《史记·赵世家》：“（惠文王）五年，与燕鄚、易。”《集解》：“徐广曰：皆属涿郡。鄚，音莫。”

《说文解字·邑部》：“鄚，涿郡县。”《说文通训定声》：“鄚，涿郡县，从邑，莫声。在今直隶河间府任邱县北十三里有鄚州城，往来孔道也，俗音冒。《左》昭七传注：东北至河间鄚县。《史记·扁鹊传》：鄚人。今鄚州有扁鹊墓。”

宋王溥《唐会要》卷七十一：“景云二年六月十四日，分瀛州置鄚州。开元十三年十二月初二日，以鄚、郑文相似，始单用莫字。”现在看来，这种说法是有问题的，单用莫字战国时期就有了。

鄚作“莫”还见于燕兵器。1965 年任邱古州分洪道出土两铜戈，上面皆有“莫”字。

一式援长向上昂，上刃略弓，下刃微凹，刃小。有中脊。前锋峻削尖锐。胡窄残缺。长条内中有一穿，上下缘均有利刃，末端刃自上而斜下，通长 28.1 cm、内长 10.7 cm，见下图。

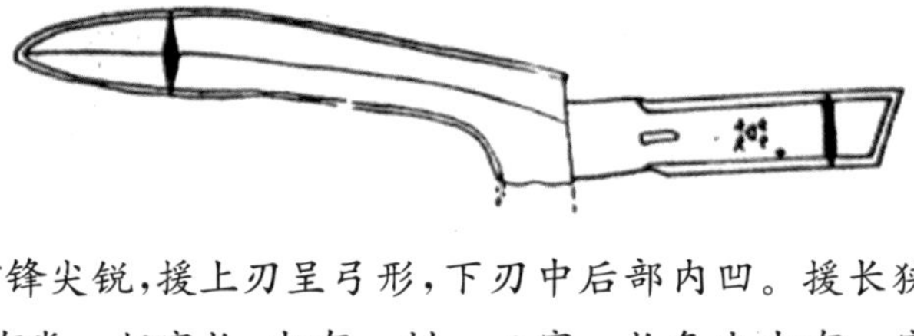

一式前锋尖锐，援上刃呈弓形，下刃中后部内凹。援长狭，后段较前段更狭，中有脊。胡窄长，中有一刺。三穿。长条内中有一穿，上下缘和尾端均有利刃，通长 28 cm、内长 10.9 cm，见下图。

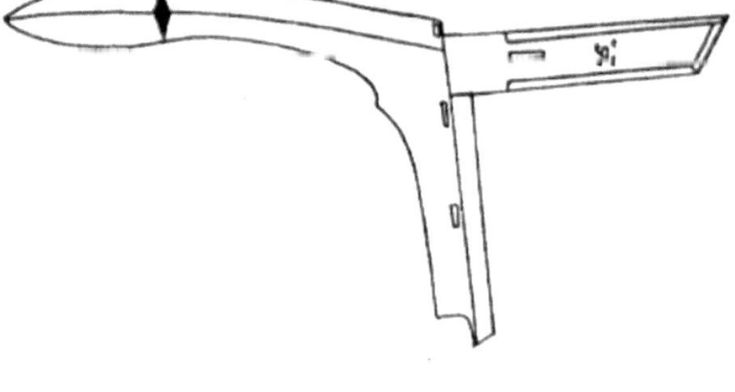

二戈内上皆有铸铭一字“莫”，即“鄚”，该戈与燕国货币明刀一起出土，可能为燕人所造，其铸造年代为赵国把鄚移交给燕国以后。

莫戈出土于任邱古州，与文献相合，其字作“莫”，不从邑，则与玺文可互证。玺文显为三晋风格，可以推测其为赵玺。由玺文和兵器铭文可证“莫”确曾属赵，也曾属燕，战国时期各国接壤的都邑多归属不定，此为一例。

认为2254为官玺，还有形制方面的考虑。笔者曾对楚、燕、齐、晋四系官玺的尺寸作过较为详尽的统计，发现这四系官玺的大小类似正态分布，即在某个尺寸段玺印数最多，大于或小于这个尺寸的玺印数渐次减少。其中以晋、齐波峰最显，而楚最弱。波峰值楚、燕、齐为23 mm，约合周制一寸，三晋为15 mm，虽然三晋古玺中官玺、私玺的大小较为接近，但总的来说，私玺还是要小一些，与官玺大小接近的私玺毕竟是少数。此玺14.5 mm见方，正与三晋系官玺尺寸相合，是为官玺的又一佐证。

【参考文献】

李学勤、郑绍宗：《论河北近年出土的战国有铭青铜器》，《古文字研究》第七辑，中华书局，1982年，128—129页。

汤馀惠：《战国铭文选》，吉林大学出版社，1993年，80页。

曹锦炎：《古玺通论》，上海书画出版社，1996年，170页。

何琳仪：《战国古文字典》，中华书局，1998年，721页。

戴书田：《河北省文物研究所藏铜戈初论》，《河北省考古文集》，东方出版社，1998年，397—399页。

萧　毅：《古玺文字研究》，中山大学博士学位论文，2002年，84—85页。

施谢捷：《古玺汇考》，安徽大学博士学位论文，2006年，102—103页。

故宫博物院：http://www.dpm.org.cn/shtml/117/@/6210.html。

故宫博物院：http://www.dpm.org.cn/shtml/117/@/6208.html。

故宫博物院：http://www.dpm.org.cn/shtml/117/@/6209.html。

13. 右库视事[1]

【图版】

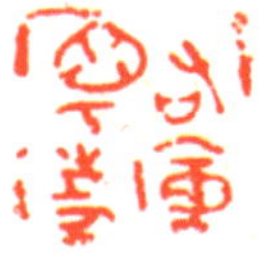

【释文】

右库[2]眂(视)事[3]

【著录】

0350

【注释】

[1] 三晋玺。

[2] 右库，与“左库”相对，是制造、储藏、输送器物的处所。三晋铭刻中的库有左库、右库、武库、坐(广)库、私库等。

[3] 视事，职官名，主管器物制造，地位在冶之上，略相当于工师。仅见于魏器铭刻，有很强的地域性，是判定国别的主要依据。

【延展阅读】

《说文解字·目部》：“眂，眂皃。从目氏声。”(小徐本“眂皃”作“视皃”。）又《见部》：“视，瞻也。从见示。眎，古文视。眡，亦古文视。”“眡事”即“视事”。

“视事”为古代常用语，如《左传·襄公二十五年》：“夏五月……甲戌，飨诸北郭，崔子称疾不视事。”《周礼·夏官》：“若大师，则掌其戒令，莅大卜，帅执事莅衅主及军器。及致，建大常，比军众，诛后至者。及战，巡陈视事而赏罚。若师有功，则左执律、右秉钺以先，恺乐献于社。若师不功，则厌而奉主车。”

也见于西周早期的玑方鼎铭：“己亥，见（视）事于彭，车叔赏玑马，用作父庚彝。”（《殷周金文集成》2612、2613）玑当是奉车叔之命视事于彭地，故受其赏。

在三晋魏器铭刻中，数见“视事”。

信安君铜鼎器铭：“信安君厶（私）官，脣（容）半，眡（视）事司马欱，冶王石，十二年肁九益（镒）。”盖铭：“信安君厶（私）官，脣（容）半，眡（视）事欱，冶瘖，十二年肁二益（镒）六釿。”（《考古与文物》1981年2期、《殷周金文集成》2773）

平阴鼎盖铭:"十七年,段工帀(师)王马重(童),眂(视)事鐙,冶敬,才坪(平)阴,容四分。"(《殷周金文集成》2577)

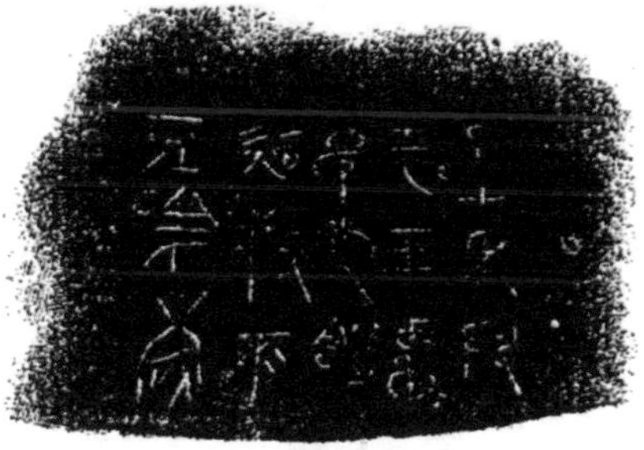

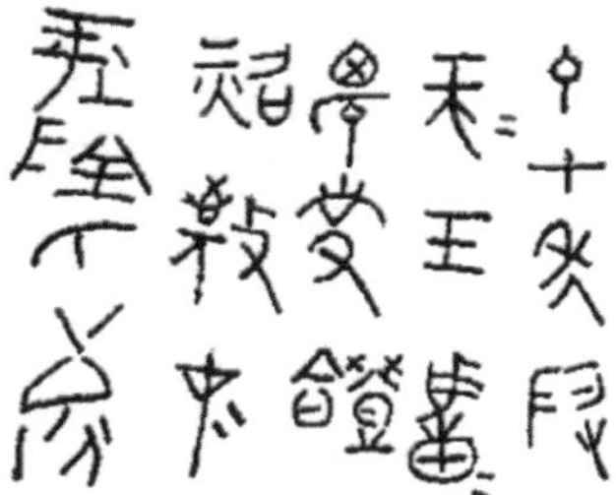

三十五年□令鼎铭:"卅五年,□命(令)周廾,眂(视)事秋,冶阴(期)鉗(铸),賡(容)半齋,下官。"(同上 2611)

【参考文献】

罗 昊:《武功县出土平安君鼎》,《考古与文物》1981 年 2 期,79—83 页。

裘锡圭:《〈武功县出土平安君鼎〉读后记》,《考古与文物》1982 年 2 期,53—54 页。后收入《古文字论集》,中华书局,1990 年,486—489 页。

黄盛璋:《新出信安君鼎、平安君鼎的国别年代与有关制度问题》,《考古与文物》1982 年 2 期,55—61 页。

曹锦炎:《平阴鼎盖考释》,《考古》1985 年 7 期,633—635 页。

丘光明:《中国历代度量衡考》,科学出版社,1992 年。

汤馀惠:《战国铭文选》,吉林大学出版社,1993 年,5—7 页。

曹锦炎:《古玺通论》,上海书画出版社,1996 年,172 页。

裘锡圭:《甲骨文中的见与视》,《甲骨文发现一百周年学术研讨会论文集》(台湾师范大学国文系、"中研院"历史语言研究所编),1998 年,1—5 页;又中华书局,1999 年,1—6 页。

施谢捷:《古玺汇考》,安徽大学博士学位论文,2006 年,114—115 页。

14. 佫郎将行[1]

【图版】

【释文】

佫(咎—皋)郎[2]牆(将)行[3]

【著录】

《珍秦斋古印展》3;《珍秦斋藏历代玺印精品集》32 页

【注释】

[1] 三晋玺。印面 16.5 mm×16.5 mm,通高 14 mm。现藏于珍秦斋。

[2] 佫郎,读为“皋狼”,地名,汉属西河郡,战国时为赵邑,今山西离石附近。

[3] 将行,官名,掌皇后宫中事务。《汉书·百官公卿表上》:“将行,秦官,景帝中六年更名大长秋,或用中人,或用士人。”颜师古注:“秋者收成之时,长者恒久之义,故以为皇后官名。”

【延展阅读】

1. 佫郎

佫郎还见于“佫郎左司马”(0049)、“佫郎鄒(县)南坿(府)”(《鉴印山房藏古玺印菁华》218 页)。

《战国策·赵策一·知伯帅赵韩魏而伐范中行氏》:“知伯……又使人之赵,请蔡、皋狼之地,赵襄子弗与。”此事也见于《战国策·魏策一·知伯索地于魏桓子》《韩非子·十过》。《知伯索地于魏桓子》作“皋梁”。“狼”“梁”音近可通。

《史记·赵世家》赵武灵王十九年春正月,召楼缓谋曰:“我先王因世之变,以长南藩之地,属阻漳、滏之险,立长城,又取蔺、郭狼,败林人于荏,而功未遂……”前人指出《魏策一》等处的“蔡”是“蔺”字之误,此处“郭狼”即“皋狼”。

2. 借边

古文字中的借用是一种较为常见的现象,而借用栏线是其中一种较为特殊的省略方式,这种省略方式在古玺文字和货币文字中并不少见。

这种有时候也会影响到文字的释读和器物的清理。比如前举 0049 中的“郎”字,以前或认为左边从负。这方“佫郎牆(将)行”,朱拓下面是没有一点的,但是细看印面,就会发现下面其实应该有一点,只是被误以为是锈给清理了,印底留下了痕迹。

早就有学者讨论过古玺文字中借用边框的现象:“在战国玺印文字中有这样一种情况,当印文的笔画跟印的边框平行时,往往将跟边框平行的笔画省去(有的可以看作是借用边框作为笔画)。”

这种方式完全可以作为借用边框看待。

三晋玺除“郎”(0049)外,还有“肖狂”(1013)的“狂”、“鋫(刘)旂(旗)”(3268)的“鋫”等借用边框。

其他系别的，楚玺有“安易(阳)水玺”(《中国历史博物馆馆刊》1979年1期88页)的“玺”、“大莫嚣(敖)玺”(《文物》1988年2期62页)的“莫”。

齐玺有“郐罘信玺”(《山东新出土古玺印》170)的“玺”、“□疆”(2204)的“疆”。

在货币文字中也存在借用币脊线的现象，如下面的“閔”(《中国历代货币大系·先秦货币》1471)、“雺”(同上1926)、“武”(同上612)等字。

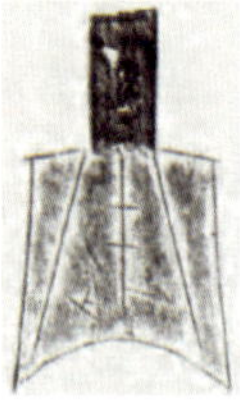

相似的情况在楚简文字中也可以看到，有意思的是借用的是一条没有笔画的线。

竹简是有边缘的，如果拿竹简边缘来作笔画，当然不会像上举的玺印和货币那么明显，但缘线毕竟是存在的，这使得借用成为可能。不妨把这种借用竹简边缘作为文字的组成部分的借用方式叫作借边。这是一种更为特殊的省略形式。

包山 37 号简所从的“辰”，左边是有一斜笔的，在包山 225 号简、九店 56—13 号简中这一斜笔没有了。

应该是借用了竹简边缘。

上博中弓 19 号简很可能也是这种借用。

不过因为该字离竹简左缘有一定距离，不排除有残泐的可能。

“丙”的左右两边应该是有竖向笔画的，如包山 50 号简，但在包山 225 号简中左右的竖向笔画都没有了。

虽然右侧的竖笔也可以看作是笔画平直或笔画收缩，但左侧的省略看作是借边应该是没有问题的。

“爿”左边或为一长竖，或为两短竖，如包山 16 号简。在包山 144 号简中，只有一短竖。

在包山 253 号简、新蔡甲一 12 号简中“爿”左边的竖画没有了。

这三例都可以看作是借边。

楚简文字中有些“□”形部件靠近竹简左侧时常无左边的笔画，也可以看作是借边，如“飤”（包山 255）、“贞”（包山 245）、“酉”（包山 203）、“品”（包山 13），是较为明显的例子。

尤其是邑旁，左边笔画缺笔很常见，如包山 3 号简、新蔡乙一 16 号简、新蔡乙四 98 号简、包山 117 号简几个从邑的字。

邑旁的这种借边也见于楚玺。“陈之新都”（0281）“都”所从的邑旁是楚玺邑旁的常见写法，下列第二印（《古玺汇考》148 页）左边的邑旁应该是借用了边框的。有意思的是右边一字中的“邑”形也有缺笔。

下面再看些例子，如“轒”（包山 273）、“败”（包山 21）、“尹”（包山 232）、“良”（包山 227）、合文“四十”（包山 271）、“輮”（包山 271）、“夏”（包山 225）、合文“之日”（包山 245）。

可见，竹简中的借边并不少见。

上举《古玺汇考》148 页著录的一方楚玺，右边一字中“邑”形的缺笔可能与借边有关，楚简文字有类似的变化。

楚简文字中有些“□”形部件左侧常不封口（这里的“□”形部件指那些外形封闭的部件，“□”内外还可以有其他笔画），如“臟”（包山 247）、“酉”（包山 243）、“缨”（包山 277）、“宫”（包山 229）。

这种变化有些很可能与借用相关，当借用部分与被借用部分分离时，就会出现缺笔，如上举“臟”“酉”“缨”。有些则可能是书写草率所致，如上举“宫”。很难说清楚这两种情形是谁影响谁，也许影响是相互的。这两种情形应该是这些“□”形部件左侧常不封口的主要原因。

下面所示是“腹”、“公”两字借用部分与被借用部分分离前后的例子。包山 247 号简“腹”的“目”形左边借用了“肉”右边的笔画，包山 245 号简的“腹”，由于“目”的底画与“肉”分离，看起来“目”有缺笔。包山 4 号简的“公”所从的“□”左边借用了“八”的左笔，包山 248 号简“公”的“□”的底画与“八”的左笔分离，看起来“□”有缺笔。

至于这些“□”形部件借左而不借右，则应该与书写习惯有关。楚简文字中“□”形部件有两种较为常见的写法，一是分作两笔书写，一般第一笔是左侧的竖笔或斜笔，第二笔是从左上起笔到左下止笔，类似大写英文字母“D”的写法；一是作一笔书写，从左上起笔，画一圈后回到起笔处。当“□”形部件左侧有竖向笔画时就势借用，也是比较自然的事了。

楚简文字这种借用竹简边缘现象是比古玺文字的借用边框以及货币文字中的借用币脊线更为特殊的省略形式，因为这里借用的是一条不那么明显的“虚线”。

【参考文献】

胡仁宜:《"大莫嚣"古官玺》,《文物》1988 年 2 期,62 页。

李家浩:《战国官印考释(二篇)》,《文物研究》第七辑,黄山书社,1991 年,346—353 页。

吴振武:《古文字中的借笔字》,《古文字研究》第二十辑,中华书局,2000 年,308—337 页。

施谢捷:《古玺汇考》,安徽大学博士学位论文,2006 年,151 页。

萧　毅:《楚简文字研究》,武汉大学出版社,2010 年,23—26 页。

萧　毅:《古文字中的栏线借用》,《中国文字学报》第四辑,商务印书馆,2012 年,141—145 页。

15. 襄平右尉[1]

【图版】

【释文】

襄平[2]右尸(尉)[3]

【著录】

0125;《故宫博物院藏古玺印选》102;《故宫博物院藏文物珍品大系·玺印》31

【注释】

[1] 三晋玺。通高 1.4 cm,边长 1.5 cm。现藏于故宫博物院。

[2] 襄平,地名。史载襄平有二:一为燕地,《史记·匈奴列传》:"燕亦筑长城,自造阳至襄平,置上谷、渔阳、右北平、辽西、辽东郡以拒胡。"其地在今辽宁辽阳县一带;一属临淮,《史记·高祖功臣侯者年表》有"襄平",《索隐》:"县名,属临淮。"《汉书·地理志》临淮郡下有襄平,王莽时称相平。此玺属三晋系,此襄平或另有其地。

［3］𡰥，旧释“丞”，后有“𡰥”“𡰥（詹—瞻）”“𡰥（尉）”“𡰥（仙—掾）”“𡰥（监）”等多种释读。春秋时晋国上、中、下三军都设尉，亦称军尉。《淮南子·兵略》：“正行伍，连什伯，明旗鼓，此尉之官也。”《史记·赵世家》载战国时赵国于朝中设中尉，荀欣以“选练举贤，任官使能”任其职。《礼记·月令》：“命太尉，赞桀俊，遂贤良，举长大。”性质与赵的中尉相同。《续汉书·百官志》“太尉”条下注：“掌四方兵事功课、岁尽即奏其殿最而行赏罚。”

【延展阅读】

带有“𡰥”字的古玺就其印面形式，可分为长条朱文玺、方形白文玺、方形朱文玺三类。

1. 长条朱文玺

如“左军𡰥（尉）鍴”（0126）、“甫易（阳）都𡰥（尉）”（0369）、“中军𡰥（尉）”（5547）。

2. 方形白文玺

如“庚都𡰥（尉）”（0117）、“徒口都𡰥（尉）”（0118）、“泃城都𡰥（尉）”（0119）。

“雷旦都产(尉)”(0120)、“武尚都产(尉)”(0121)、“夏屋都产(尉)”(5546)、“产(尉)张(?)”(3172,3539同)。

3. 方形朱文玺

如“亡陞枳产(尉)”(0122)、“堂(上)谷枳产(尉)”(0123)、“堵城河产(尉)”(0124)。

“餖(饐)氏产(尉)”(3335)、“郿采枳产(尉)”(《中国玺印类编》82页)、“上苂(艾)产(尉)”(《珍秦斋藏历代玺印精品集》32页)、“黄生产(尉)”(《篆字印汇》21页)。

“邦产(尉)”(《印典》1272页)、“㞷(广)都产(尉)”(《陕西新出土古代玺印》002)。

“产(尉)晨”(3170)、“产(尉)女”(3171)、“产(尉)汭”(《珍秦斋藏印·战国篇》103)、“产(尉)山”(同上104)。

“产(尉)”(5103)、“产(尉)”(5104)、“产(尉)”(5105)、“产(尉)=”(5106)。

长条朱文玺、方形白文玺皆为燕玺。

方形朱文玺的地域归属,学者们的看法并不一致,如有的学者认为“‘丞’字作‘丄’,也是燕玺所独有”。有的将0125定为燕玺。其他如《燕玺简述》中没有提到0122—0125、3335等五玺;《战国古文字典》中将0122、0123、0124、0125、3171、3335、5104、5105等定为三晋玺,将3170、5103、5106定为燕玺,又在该书附录中将0122、0123定为燕玺;《战国玺印分域研究》把0122、0123、0124、0125、3335、《陕西新出土古代玺印》002、5103、5104、5105、5106等定为燕官玺。

这里对上面三类古玺的归属及其中“产(尉)”字的形体试作分析如下。

1. 长条朱文玺

无论从形制上还是从文字上看,皆为燕玺。

其中0369略残,0126、5547“产(尉)”字中竖直出,无饰笔。

2. 方形白文玺

这7方也都是燕玺。

其中“产(尉)”字形体非常一致,中竖直出,无饰笔。

3. 方形朱文玺

(1) 0122。三晋系文字“亡”字中空处多有饰笔,此玺“亡”字同;“陞”为三晋系文字写法,也见于0832、1912、2314等;印面近方形,朱文粗框,约 1.4 cm×1.5 cm,与三晋系常见官玺形体相合;故定 0122 为三晋玺。

此玺“户(尉)”字中画为曲笔。

(2) 0123。方形朱文粗框,约 1.4 cm×1.4 cm,与三晋系常见官玺相合,官名与 0122 同。

此玺“户(尉)”字中画为曲笔。

(3) 0124。“堵”字所从的“者”作“旨”,为三晋系文字写法;“城”作“”与燕玺作“”(0119)有别;印面方形朱文粗框,约 1.55 cm×1.5 cm,与三晋系常见官玺相合;故定为三晋玺。

此玺“户(尉)”字中画为直笔。

(4) 0125。“襄”“平”二字皆为三晋系文字写法。印面方形朱文粗框,约 1.4 cm×1.4 cm,与三晋系常见官玺相合,当为三晋玺。

此玺“户”字中画为曲笔。

(5) 3335。此玺为官玺,方形朱文粗框,约 1.6 cm×1.6 cm,与三晋系常见官玺相合。“亘”为三晋系常见写法。

此玺“户(尉)”字中画为曲笔。

(6)《中国玺印类编》82。玺文第一字也见于三晋玺 0004,所从邑旁为三晋系文字写法。

此玺“户”字中画为曲笔。

(7)《珍秦斋藏历代玺印精品集》32。地名也见于货币,读为“上艾”,属赵。

此玺“户”字中画为曲笔,有饰笔。

(8)《篆字印汇》21。“黄”字为三晋系文字写法。

此玺“户”字中画为曲笔。

(9)《印典》1272。“邦”字为三晋系文字写法。

此玺“户”字中画为曲笔。

(10)《陕西新出土古代玺印》002。此玺从者从邑的“都”为燕系文字写法。

此玺“户”字中画为直笔。

(11) 3170。玺文“晨”为燕系文字写法,当为燕玺。

此玺“户”字中画为直笔。

(12) 3171。此玺“女”字作[illegible]，具三晋系文字特征，当为三晋玺。

此玺“产”字中画为曲笔，有饰笔。

(13)《珍秦斋藏印·战国篇》103。水旁为典型的三晋玺文字写法，当为三晋玺。

此玺“产”字中画为曲笔，有饰笔。

(14)《珍秦斋藏印·战国篇》104。此玺“产”字中画为曲笔，有饰笔。

(15) 5103。单字玺，粗框。此玺“产”字中画为曲笔。

(16) 5104。单字玺，粗框。此玺“产”字中画为曲笔，有饰笔。

(17) 5105。单字玺，粗框。此玺“产”字中画为曲笔。

(18) 5106。右下有特殊符号“＝”，细框。此玺“产”字中画为直笔。

从较为确定系别的古玺看，燕、三晋两系的“产”字形体有一定的差异。燕玺“产”字中画直出，无饰笔；三晋玺“产”字中画多为曲笔（可确定的仅一例为直笔），或有饰笔。5106 较为特殊，玺文只有一产字和一特殊符号，难以确定系别。

这十八方方形朱文玺可以分域如下：

燕玺：3170、《陕西新出土古代玺印》002。

晋玺：0122、0123、0124、0125、3335、《中国玺印类编》82、《珍秦斋藏历代玺印精品集》32、《篆字印汇》21、《印典》1272、3171、5103、5104、5105、《珍秦斋藏印·战国篇》103、《珍秦斋藏印·战国篇》104。

待考：5106。

从上面的分析中还可得知印面形式具有一定的地域性，就现在所能见到的材料看，可以认为在带有“产”字的古玺中，方形白文玺、长条朱文玺皆为燕玺，方形朱文玺则多为晋玺。

【参考文献】

丁佛言：《说文古籀补补》，中华书局，1988 年。

裘锡圭：《战国货币考》，《北京大学学报》（哲学社会科学版）1978 年 2 期，69—83 页。

于省吾：《甲骨文字释林》，中华书局，1979 年，17 页。

汤馀惠：《略论战国文字形体研究中的几个问题》，载《古文字研究》第十五辑，中华书局，1986 年。

陈汉平：《屠龙绝绪》，黑龙江教育出版社，1989 年，324—327 页。

李家浩：《战国官印考释（六篇）》，中国古文字学年会论文，1992。

曹锦炎：《古玺通论》，上海书画出版社，1996 年，82 页。

何琳仪、冯胜君：《燕玺简述》，《北京文博》1996 年 3 期，14—20 页。

何琳仪：《战国古文字典》，中华书局，1998 年，690—691 页；1048 页；1547 页。

吴振武：《战国玺印中所见的监官》，《中国古文字研究》第一辑，吉林大学出版社，1999 年，117—121 页。

傅嘉仪：《篆字印汇》，上海书店出版社，1999 年，21 页。

萧　毅：《古玺文字研究》，中山大学博士学位论文，2002 年。

小林斗盦：《中国玺印类编》，天津人民美术出版社，2004 年，82 页。

陈光田：《战国玺印分域研究》，岳麓书社，2009 年，92—93 页。

萧　毅：《古玺文字“产”的地域特征》，《长江学术》2010 年 3 期，143—147 页。

16. 上相邦玺[1]

【图版】

【释文】

上相邦[2]玺

【著录】

《苏州博物馆藏玺印》1;《真山东周墓地》39 页,41 页

【注释】

[1] 楚玺。长 2. 9 cm、宽 2. 96 cm、高 2. 34 cm。现藏于苏州市博物馆。

[2] 相邦,出土文献作“相邦”。传世文献多作“相国”,因避汉高祖刘邦讳而改。楚国虽以令尹为最高官职见于传世文献,但据这方出土于战国晚期墓葬的古玺可知战国晚期楚也设有“相邦”之职。其实传世文献中也有记载,《战国策 · 楚策四 · 楚考烈王无子》:“(朱英谓春申君)曰:‘君

相楚二十余年矣，虽名为相国，实楚王也。’”

【延展阅读】

1993 年，这方楚玺出土于苏州真山墓地 D1 号战国墓。此印出土后，由于印面有残损，苏州博物馆请曹锦炎协助辨认印文，并对印文作了复原，原简报刊出的复原印文见下图。

随后，有多位学者讨论此印。

曹锦炎对印文有较为细致的说明：“‘上’字在下部多一短画，古文字中有先例，这种利用赘增笔画作为装饰，乃是战国文字的一个特点。‘相’字‘目’旁虽残损厉害，但并不难认。‘邦’字比较模糊，钤本很难看出。仔细观察原印，‘邑’旁笔画还是可以看清的。‘丰’旁竖笔出了底线，由于与下字‘玺’的‘金’旁尖头距离太近，改作斜笔，显得有点突兀，这是出于布局的需要。”

王人聪曾对此玺的释文表示怀疑，认为：“第二、第三两字，书法极不自然。第三字‘邦’所从‘丰’旁的竖笔下半部作大幅度的弯曲，这种写法的邦字，在楚文字中是从未见过的。现在我们将出土楚文字的‘邦’字列表和它对照……从以上的对照中，我们可以清楚地看出，楚文字中‘邦’所从‘丰’旁的竖笔，都是作接近垂笔地向下贯穿而出，而不是像所复原的印文‘邦’字那样作向右下方大幅度地弯曲，这说明所复原的印文‘邦’字是不合楚文字‘邦’的写法的。印文第二字‘相’字的‘目’旁缺损厉害，从所复原的这个‘相’字来看，‘目’旁的位置偏高，下面又没有饰笔衬托，字形结构不匀称，试将它与下列楚文字的‘相’字比较……同样可以看出所复原的‘相’字也是与楚文字不合的。那么这个缺损厉害的印文第二字是否为‘相’字，自然也就成问题了。”

针对王人聪的疑问，曹锦炎对此玺作了进一步的说明，认为："此玺印文四个字，具有很明显的楚文字特点。'上'字下部赘增一短横，只见于楚文字，无论是楚玺还是包山楚简以及新出的郭店楚简，这种'上'字构形的例子甚多。'玺'字的'金'旁构形更是楚玺所独有。仅凭这二字，就可断定为楚玺……另外两个字，'邦'字'丰'旁竖笔出底线；'相'字'目'旁下不加两短横作饰笔，也是具有楚文字的特色。"

文章中还刊出了印面图片。

玺文第二字，李学勤提出另一种看法，认为这个字是从木从豆从口的，只是右上部的"豆"损去，仅馀下面的"口"，并释玺文为"上梪(柱)邦玺"。

其他一些学者引用这方古玺时多依从原整理者，如施谢捷的博士论文《古玺汇考》在楚系官玺类用的就是复原后的印拓。

其实原整理者的复原大体说来是比较接近原印的。《真山东周墓地》39 页、41 页有印面照片和印面示意图，可以比较。

第一字，释"上"应该没有问题。从印面照片看，原复原后的形体可信。

第二字，释"梪"之说不可信。楚文字中从豆的字繁增"口"的例子，如"脰"(包山 278 反)、"梪"(楚帛书)。

如果认为该玺右边上从豆,下从口,从残存的底画看,这个字的右上角将相当拥挤,有悖常理。再细看印面照片,该字残损部分成三角状,与“豆”上部成倒三角状、下部一长横的外形明显不同。如果认为三角形上部为泐痕的话,那么“豆”最上面的横画应该在三角形中部,难以想象在这个三角形中线以下的部分能有四条横向笔画(三横加一弧笔)。所以该字右边不可能从豆从口,释“桓”之说不可信。

从印面照片看,这个字应该如曹锦炎所言是“相”字。王人聪认为复原后“相”字目旁偏高,下面没有饰笔,结构不匀称,虽然有一定道理,但我们认为缺乏说服力。因为就单个字看,古玺文字中不匀称的字是很常见的,但古玺大多有边框,所以有时单字的不匀称不仅不会影响印章整体的均衡,反而会让印章整体灵动,不呆板。

不过,王人聪据一些楚文字中“相”字的写法认为复原后的“相”字与楚文字不合,这点值得注意,复原后“相”字的形体确实不太准确。

“目”上部残损,“目”的顶部与“木”中竖顶端是平齐的,“目”上与“上”字下面的短横相接的是泐痕,原整理者的观察较为细致。百密一疏,细看印面照片,残损的部分应该是三角形,而不是复原后的半圆形。

楚文字中目旁多似正三角形,上部为尖头,如包山 196 号简、包山 171 号简、《古玺汇编》0239 中的“相”。

“相”所从的“目”很可能不是复原后的圆头,而是像 0239 那样的尖头。

第三字,“邦”字竖笔大幅度弯曲,古玺文字的笔画因为布局的需要作适当改变在古玺中很常见,曹锦炎的分析比较可信。

至于第四字以及这方古玺属楚应无疑义,此不赘述。

结合印面照片以及原整理者的复原图,我们试作复原图如下。

【参考文献】

张照根:《苏州真山墓地出土大量珍贵文物》,《中国文物报》1995 年 11 月 19 日。

曹锦炎:《上相邦玺考》,《中国文物报》1995 年 12 月 17 日。

王人聪:《真山墓地出土“上相邦玺”辨析》,《故宫博物院院刊》1998 年 2 期,17—20 页。

苏州博物馆:《真山东周墓地》,文物出版社,1999 年,39—41 页。

曹锦炎:《关于真山出土的“上相邦玺”》,《故宫博物院院刊》1999 年 2 期,79—80 页。

李学勤:《桓字与真山楚官玺》,《国学研究》第八卷,北京大学出版社,2001 年,173—176 页。

骆科强:《“上相邦玺”新考》,《东南文化》2005 年 6 期,39—42 页。

施谢捷:《古玺汇考》,安徽大学博士学位论文,2006 年,146 页。

萧　毅:《楚官玺札记二则》,第五届中国文字学国际学术研讨会(天津)论文,2010 年。修改后署名萧毅、王一名发表在《武汉大学学报》(人文科学版)2014 年 2 期,93—97 页。

17. 计官之玺[1]

【图版】

【著录】

0139;故宫博物院网站;《故宫博物院藏古玺印选》28

【释文】

计官[2]之[3]玺

【注释】

[1] 楚玺。玉质,印面 18 mm×18 mm,通高 13.5 mm。现藏于故宫博物院。

[2] 计官,主管财赋、百物会计、出纳之官。《周礼·天官·序官·司会》郑玄注:“会,大计也。司会,主天下之大计,计官之长,若今尚书。”《汉书·武帝纪》:“征吏民有明当时之务、习先圣之术者,县次续食,令与计偕。”颜师古注:“计者,上计簿使也,郡国每岁遣诣京师上之。”各级官吏每年年底均应向上报告自己的财政情况。

[3] 之,顶部多一横画或斜笔是楚文字“之”的一种较为特殊的写法。此字或释“正”,或据“之”上多一笔疑此玺伪,皆误。

【延展阅读】

战国时期的楚文字中，“之”有一种较为特殊的写法，就是在正常写法的“之”字顶部多一横画或斜笔。这种写法往往被学者忽略，以致影响到文字的认定、工具书的编纂以及资料的辨伪。

“之”的这种写法除见于0139外，还有几个例子。

“坪夜大夫之玺”(《中国玺印篆刻全集·玺印上》七五，又见0102)。

右上角的“之”，本来应该是这样写的：

不仅顶部有一横画，而且整个字旋转了90°，加上有一条似笔画的泐痕，以致有学者怀疑可能是“之”字误刻，或怀疑可能是“网”字。甚至有学者怀疑此玺是伪品或是“为了殉葬而临时刻制的明器”。

铸客鼎(《殷周金文集成》2480)最末一字，“之”的顶部有一斜笔。

这个“之”字作为单字收进工具书时，多被摹录者漏摹顶部的斜笔，只是在《金文大字典》(1053 页)、《楚金文字形表》(45 页)中编者保留了这一笔，前者是采用剪贴拓本的方法，后者是将拓本经电脑处理转为阳文。

三晋文字中，虽然没有看到明显多一笔的例子，但是可以看到有些字所从的“之”的右上笔画作横折，或许可以看作是顶部笔画有无之间的过渡形态。如“长坾(市)”(0727)、“肖(赵)狂”(1013)、“椁(郭)結”(2457)等。

【参考文献】

曹锦炎:《古玺通论》，上海书画出版社，1996 年，96—97 页；106—107 页。

黄静吟:《楚金文研究》，台湾中山大学中国文学系博士学位论文，1997 年。

文炳淳:《先秦楚玺文字研究》，台湾大学中国文学研究所博士学位论文，2002 年。

吴振武:《朱家集楚器铭文辨析三则》，《黄盛璋先生八秩华诞纪念文集》，中国教育文化出版社，2005 年，291—303 页。

18. 大賫[1]

【图版】

【著录】

0127;故宫博物院网站;《故宫博物院藏古玺印选》35;《故宫博物院藏文物珍品大系·玺印》11

【释文】

大貨(贇)[2]

【注释】

[1] 楚玺。印面 54 mm×61 mm,通高 117 mm。现藏于故宫博物院。

[2] 貨,从佗从贝,读为"贇",楚国主管"散布帛与三军"的职官。《玉篇·贝部》:"贇,方庙切。散布帛与三军。"此字旧多释为"府(府)",误。

【延展阅读】

1. 柱钮

柱钮主要见于:

(1) 燕官玺长条朱文玺,如本书"3. 外司声鍴""4. 阳文身鍴"。

(2) 楚官玺、私玺。尤其是楚合玺,都是柱钮,参看本书"20. 沅陵侯叁玺"。

这方大贇玺钮的上端明显有敲打过的痕迹。类似的也见于"郢爯"(中国国家博物馆网站)。"郢爯",传安徽寿县出土,17 mm 见方。主要是打印在金版上。

楚私玺中，也常见柱钮。如“邔(丌)□信玺”(2112、《中国玺印篆刻全集・玺印下》二)。

这种形制到汉代也还可以见到，如“衔时”(《吉林大学藏古玺印选》269)。

2. 界格

楚官玺大多有框格，少数无框。

楚官玺印面形式，主要有有框格的□、田、◫、○、⬯、⊔以及无框等7种。

就方形印来说，有□、田、◫以及无框4种。

最多的是方形框，如“上場行宫(馆)大夫玺”(0099、《故宫博物院藏古玺印选》31、《故宫博物院藏文物珍品大系・玺印》9)、“行㢆(府)之玺”(0128、《故宫博物院藏古玺印选》33)等。

其次是田字格。这类田字格玺文字多较为平正，有些带有明显的秦文字因素，应该是楚汉时期的遗物，只是因为其中有较多的楚文化因素，所以仍划归楚系。如“连尹之玺”（0145、故宫博物院网站）、“戠（职）岁之玺”（0205、《故宫博物院藏古玺印选》38）、“正官之玺”（0136）、“安里之玺”（0563、《中国历代玺印艺术》23 页）等。

◫形框格少见，除这方大賫玺，还有一方“亚将军玺”（《古文字研究》第五辑 246 页、《古玺汉印集萃》20 页）。

3. 六国文字遗迹

除田字格楚玺外，还有一些出土文献中可以看到六国文字遗迹。

传世一方穿带印“江迲疾·江去疾”(《故宫博物院藏古玺印选》423)，一面是齐文字，一面是秦文字。

睡虎地秦墓竹简中的“色”(日书甲种69)近楚文字。

马王堆汉墓简帛中的“愳(懼)”(老子甲本〇八〇)、“闗”(老子甲本一四五)近楚文字。

阜阳汉简《周易》43号简、428号简中的“兇”近楚文字。

银雀山汉墓竹简中的“相”(晏子577)，“目”中间为“×”形，近齐文字。

【参考文献】

罗福颐:《近百年来古玺文字之认识和发展》,《古文字研究》第五辑，中华书局，1981年，243—254页。

李家浩:《战国官印考释(六篇)》，中国古文字研究会年会论文，

1992 年。

李家浩:《南越王墓车驲虎节铭文考释——战国符节铭文研究之四》,《容庚先生百年诞辰纪念文集》,广东人民出版社,1998 年,662—671 页。又《安徽大学汉语言文字研究丛书·李家浩卷》,北京师范大学出版集团、安徽大学出版社,2013 年,71—78 页。

林素清:《楚玺丛考之一:谈楚田字格官玺》,《中国古玺印学国际研讨会论文集》,香港中文大学文物馆,2000 年。

周　波:《战国时代各系文字间的用字差异现象研究》,复旦大学博士学位论文,2008 年。线装书局,2012 年。

李家浩:《战国文字中的“啚”字》,《出土文献与古文字研究》第六辑,上海古籍出版社,2015 年,245—276 页。

故宫博物院:http://www.dpm.org.cn/shtml/117/@/6118.html。

故宫博物院:http://www.dpm.org.cn/shtml/117/@/7629.html。

故宫博物院:http://www.dpm.org.cn/shtml/117/@/6119.html。

上海博物馆:http://www.shanghaimuseum.net/cn/dcjx/xy_view.jsp?id=108&lb=0&sd=5&isjp=0。

中国国家博物馆:http://www.chnmuseum.cn/tabid/212/Default.aspx?AntiqueLanguageID=3113#。

19. 桑陵莫器[1]

【图版】

【著录】

0164;《故宫收藏·你应该知道的200件官印》8

【释文】

桑陵[2]莫器(敖)[2]

【注释】

[1] 楚玺。印面边长2.2 cm×2.2 cm,通高1.2 cm。现藏于故宫博物院。

[2] 桑,玺文从丧从相,双声字,丧、相共用木旁。桑陵,地名,魏宜辉读为"襄陵",即大司马昭阳败晋师于襄陵之岁的"襄陵"。或谓和典籍中的"桑丘"可能是一地异称。

[3] 莫器,读为"莫敖",楚国特有的职官。《左传·襄公十五年》:"楚公子午为令尹,公子罢戎为右尹,蒍子冯为大司马,公子櫜师为右司马,公子成为左司马,屈到为莫敖,公子追舒为箴尹,屈荡为连尹,养由基为宫厩

尹,以靖国人。”又《襄公二十二年》:“复使薳子冯为令尹,公子齮为司马,屈建为莫敖。”又《襄公二十五年》:“楚薳子冯卒,屈建为令尹,屈荡为莫敖。”《史记·曹相国世家》:“参功:凡下二国,县一百二十二;得王二人,相三人,将军六人,大莫敖、郡守、司马、候、御史各一人。”裴骃《集解》引《汉书音义》曰:“大莫敖,楚之卿号。”《汉书·曹参传》作“大莫嚣”,如淳曰:“嚣音敖。”张晏曰:“莫敖,楚卿号也。时近六国,故有令尹、莫敖之官。”

【延展阅读】

1. 印拓

前人对古代玺印的著录,往往是用原玺印直接钤印的钤印本,由于钤印时所用印泥及蘸取印泥时浓淡的差异、钤打印文时用力轻重的不同等原因,常常会造成钤印出来的印文清晰程度的差异。还有在玺印递藏过程中,收藏家对印文锈蚀的不同清理方式,也会在一定程度上造成钤印本印文笔画清晰程度的差异。此外,有些玺印因为残损,会造成钤印本印文笔画不清晰或者是笔画缺失。这些差异,严重的有时会对相关印文的正确识读起误导作用。

这方“桑陵莫嚣(敖)”的图片出自《你应该知道的200件官印》,右上角的笔画较为清楚,为正确释读提供了依据。

这方印章影响较大的著录是《古玺汇编》0164。

此后一些著录大多采用这个印拓。由于右上角印拓不清晰,增加了释读的困难。《古玺汇编》把第一个字看作是两个字,即使有学者释出此字,对模糊部分是哪种构件也不能确定。其实此玺曾有较为准确的摹本(缩摹)发表(《古文字研究》第五辑250页),只是人们很少注意罢了。

我们再来看几个例子。

“善”玺：

左图见《赫连泉馆古印续存》。右图见5323，下部笔画印拓不完整，有学者据此误释为“苟”或“羌”，读作“敬”。

“孔渴”玺：

左图见《十钟山房印举》(一·三六)。右图见1303，编者根据不完整的印拓释姓氏字为“子”。

“坪(平)夜(舆)大夫之玺”：

左图见《中国玺印篆刻全集·玺印上》七五。右图见0102，编者前两字阙释，本来字就不容易认识，加上不清晰的印拓，就更难认识了。

“夕孙达”玺：

左图见《赫连泉馆古印存》，笔画较为清晰。右图见3675，选自《滨虹草堂藏古玺印二集》，前两字还依稀可辨，第三字就看不出多少笔画了。

有些印拓虽然不会影响文字的释读，但会影响人们对形制的认识。

比如,“左司徒”(0020),人们会误以为这是一方没有边框的古玺。其实,这方玺印是有边框的,在《十钟山房印举》(一·一)中这方古玺的印拓是有边框的。

此外,印刷质量也很重要。好的印刷,能为我们提供完整清晰的图片。反之,我们看到的不仅是不清晰,甚至是错误的或不完整的图片。

《两汉印帚》中有三方阴文印,在《古玺汇编》中变成了阳文,见1659、3533、3824。

而有三方本来是阳文的印,却变成了阴文,见3876、4335、5210。

同一本书的不同版本间也会有差异,一般来说,初版较好。《古玺汇编》第二版和第三版不仅有些印章变得不清晰,更有甚者印章莫名其妙地

残缺了。如0192、3574。

2. 四边高出框

古玺中有一类印，边栏凸起，很早就有人注意到这一点。黄宾虹谓：“阑有四面高起而文字洼下者，古人用之封泥，较为明显美观。今用印泥平拓，往往四角模糊，如肖形印然。”并称之为“缘突印”。王献唐论及“四边高出印”，谓：“古玺有四边高出而文字凹低者，余藏志得小玺即如此。又见数钮，不识者以为留边镵字别刻，其实非是。古人用印，多施于泥上，虽凹无碍，非如今时纸平不能出字也。字凹有边为护，可免伤损，及钤于泥上，四边深嵌，逗起字文，格外显露。”

这类玺印，官玺、私玺、成语玺均有。单从印拓来判断，较易识别的是白文。白文多为楚玺，其中楚官玺较多，除“桑陵莫嚣”外，还有不少。

楚官玺，如“考廥(府)”(《盛世玺印录》003)。

“□□粟玺”(《中国书法》2012年11期50—51页)。

“下蔡宫(馆)大夫”(0097、《故宫博物院藏文物珍品大系·玺印》10)。

“右州之玺”(0185、中国文字博物馆·故宫藏印展)。

“下蔡戠(职)襄”(0309、中国文字博物馆·故宫藏印展)。

“敂市大夫玺”(5602、《浙江省博物馆典藏大系·方寸乾坤》34 页)。

“南门出玺”(0168、《故宫博物院藏文物珍品大系·玺印》16)。

楚私玺如“亡(?)矢璊”(3668、《浙江省博物馆典藏大系·方寸乾坤》51 页)、“黄加”(1261)、“□金”(3607)。

楚成语玺如“行可”(2632)、“君又正行”(3684)、“王孙之又”(4840)、“亡慽呈志”(《珍秦斋藏印·战国篇》141;《方寸乾坤——珍秦斋藏历代玺印精品集》47 页)。

合玺中也可以看到这种边框，如本书“20. 沅陵侯叁玺”部分提到的两合玺“鈘鎔”(《缵述堂古印存》)。

齐玺也偶尔可见，如“𣂔母司关”(0175)、“会(?)亓(其)𡉚(野?)玺”(0253)。

3. 嚣

楚国有以敖为名的职官，出土文献中用“嚣”字。

莫嚣(敖)，《左传·襄公十五年》：“楚公子午为令尹，公子罢戎为右尹，蒍子冯为大司马，公子櫜师为右司马，公子成为左司马，屈到为莫敖，公子追舒为箴尹，屈荡为连尹，养由基为宫厩尹，以靖国人。”又《襄公二十二年》：“复使薳子冯为令尹，公子齮为司马，屈建为莫敖。”又《襄公二十五年》：“楚薳子冯卒，屈建为令尹，屈荡为莫敖。”《汉书·五行志》引桓公十三年《左传》：“楚屈瑕伐罗，斗伯比送之。还，谓其驭曰：‘莫嚣必败，举止高，心不固矣。’”颜师古注：“莫嚣，楚官名也，字或作敖，其音同。”《淮南子·修务》“莫嚣大心”，《战国策·楚策》作“莫敖大心”。楚置“莫敖”之职，春秋为楚国最高军事长官司，后地位下降，排在令尹、司马之后，诸尹之前。后来于地方也设有莫敖之职，中央的则称大莫敖。

大莫嚣(敖)，楚国中央军事机构中的长官。《史记·曹相国世家》：“参功：凡下二国，县一百二十二；得王二人，相三人，将军六人，大莫敖、郡守、司马、候、御史各一人。”裴骃《集解》引《汉书音义》曰：“大莫敖，楚之卿号。”《汉书·曹参传》作“大莫嚣”，如淳曰：“嚣音敖。”张晏曰：“莫敖，楚卿号也。时近六国，故有令尹、莫敖之官。”

出土文献也可以见到，曾侯乙墓竹简作“大莫𡆯”，包山楚简作“大莫嚣”。传世有大莫嚣(敖)玺，如“大莫嚣(敖)玺”(《铜鼓书堂藏印》)、“大莫嚻（敖）□玺”（《古玺汇考》149 页）。

另有一方藏于安徽省博物馆（《安徽馆藏珍宝》358 页、《文物》1988 年 2 期 62 页）。

此玺 1982 年春由六安县十字路乡黄店村农民在六安城北西古城遗址东坡耕土层中发现。前面提到过这类文字方正、呆板的田字格楚印，很可能是楚汉时物。

连嚻（敖），见《汉书·韩信传》颜师古引李奇说，又《史记·淮阴侯列传》：“及项梁渡淮，信杖剑从之，居戏下，无所知名。项梁散，又属项羽，羽以为郎中。数以策干项羽，羽不用。汉王之入蜀，信亡楚归汉，未得知名，为连敖。坐法当斩，其辈十三人皆已斩，次至信，信乃仰视，适见滕公，曰：‘上不欲就天下乎？何为斩壮士！’滕公奇其言，壮其貌，释而不斩。与语，大说之。言於上，上拜以为治粟都尉，上未之奇也。”裴骃《集解》引徐广曰：“连敖，典客也。”司马贞《索隐》引李奇云“连敖，楚官名。”张晏云：“连敖，司马也。”《汉书·高惠高后文功臣表》“隆虑克侯周竈”栏“以卒从起砀，以连敖入汉。”颜师古注引如淳曰：“连敖，楚官。《左传》楚有连尹、莫敖，其后合为一官号。”有学者认为“连嚻”之连可能和古代的居民编制有关。《管子·小匡》载，当时居民编制是按国、鄙分成两套制度，国“五家以为轨，轨为之长，十轨为里，里有司；四里为连，连为之长；十连为乡，乡有良人，以为军令”。鄙“五家为轨，轨有长；六轨为邑，邑有司；十邑为率，率有长；十率有乡，乡有良人；三乡[为连，连有长；十连]为属，属有帅，五属

[各]一大夫”。“连嚣”当是楚国“连”一级组织的军事首领。

楚玺中有“连嚣(敖)□□”(0318)、“连嚣(敖)”(《湖南古代玺印》35页)。

还有一方“□嚣(敖)之玺”(《文物》2002年1期92—93页),现藏于安徽省蚌埠市博物馆,也应该是以嚣(敖)为名的职官所用印,可惜首字不识。或以为首字从廾不聲,读玺文为“莫敖之玺”,不可信。

【参考文献】

黄宾虹:《古印概论》,《黄宾虹金石篆刻丛编》,人民美术出版社,1998年,78—92页。

王献唐:《五灯精舍印话》,齐鲁书社,1985年,7页。

罗福颐:《近百年来古玺文字之认识和发展》,《古文字研究》第五辑,中华书局,1981年,243—254页。

吴振武:《〈古玺汇编〉释文订补及其分类修订》,《古文字学论集(初编)》,香港中文大学等,1983年,485—536页。

李家浩:《楚国官印考释(四篇)》,《江汉考古》1984年2期,44—49页。后收入《著名中年语言学家自选集·李家浩卷》,安徽教育出版社,2002年,125—140页。

胡仁宜:《"大莫嚣"古官玺》,《文物》1988年2期,62页。

黄锡全:《古文字中所见楚官府官名辑证》,《文物研究》第七辑,黄山书社,1991年,208—236页。

曹锦炎:《古玺通论》,上海书画出版社,1996年,91—94页。

何琳仪:《战国古文字典》,中华书局,1998年,708页。

何琳仪:《楚官玺杂识》,《南京师范大学文学院学报》2002年1期,165—168页;又《古籍研究》2002年第4期,4—7页。

辛礼学:《安徽省蚌埠市博物馆馆藏文物选介》,《文物》2002年1期,91—93页。

徐在国:《楚国玺印中的两个地名》,《古文字研究》第二十四辑,中华书局,2002年,317—318页。

陈松长:《湖南古代玺印》,世纪出版集团、上海辞书出版社,2004年,35页。

吴振武:《朱家集楚器铭文辨析三则》,《黄盛璋先生八秩华诞纪念文集》,中国教育文化出版社,2005年,291—303页。

施谢捷:《古玺汇考》,安徽大学博士学位论文,2006年,148—150页。

萧　毅:《说"孔"》,《康乐集——曾宪通教授七十寿庆论文集》,中山大学出版社,2006年,174—177页。

宋华强:《新蔡简地名考释二则》,简帛网,2008年4月12日,http://www.bsm.org.cn/show_article.php?id=817。

20. 沅陵侯叁玺[1]

【图版】

【著录】

《古玺汇考》147 页；上海博物馆馆藏珍品百选网页；《中国印章——历史与艺术》36 页

【释文】

沅陵侯[2]厽(叁——三)玺[3]

【注释】

[1] 楚玺。现藏于上海博物馆。

[2] 沅，字从𠂹(尖)从邑，读为沅。沅陵侯，以沅陵为封地的侯。

[3] 厽鉨，厽即叁字，叁玺即三合之玺。这类合玺，需要几个部分合在一起才能使用。

【延展阅读】

1. 沅陵

楚简“莞席”(包山263号简)、“策莞”(望山2-48号简)、“寝莞”(信阳2-023号简)的“莞”字以及“莞筵”(望山2-48号简)的“莞”分别作:

《汗简》卷下之二引王存乂《切韵》“完”字作“𡊅”,从土关声。

“管夷吾”之“管”,文献中往往可以写作“筦”。郭店楚墓竹简穷达以时6号简作“关”。

中山国封缄用的封泥“信完”之“完”作“𡊅”(《古封泥集成》19)。

《说文解字·宀部》:“完,从宀元声。”则从𢍏(关)与从元得声之字可通假。玺文应该读为“沅陵”。

《史记·惠景间侯者年表》有“沅陵”侯国,司马贞《索隐》:“县近长沙,《汉志》属武陵。”(《汉书·地理志上》荆州武陵郡属县有“沅陵”。)

从𢍏(关)从邑字也见于包山楚简,也应该读为“沅”,包山140号简背用作“沅水”之“沅”,包山182号简则用作姓氏之“沅”,《姓觿》平声十三元韵:“沅,《姓考》云:古沅国,伏羲之后。巴子分王黔中者即楚之沅州也,因氏。”

2. 合玺

有些玺印较为特殊，由几个部分契合而成，一般称为“合玺”。合玺主要见于楚、秦，官印、私印、成语印中都可以见到。其中三合玺目前只见于楚。

“沅陵侯厽三玺”是目前所知唯一一方完整的三合玺。

“三玺”之称，于古玺印中仅见，楚简中有记载：

东周之客鄦綎至（致）作（胙）于葳郢之岁，夏层之月，甲戌旹＝（之日），子左尹命漾陵夫＝（大夫）察部（造）室人某（梅）瘽之典之在漾陵之厽（参—三）鉨（玺）。漾陵大宧瘦〈瘊〉、大驲尹市（师）、郫公丁、士市（师）墨、士（包山 12 号简）市（师）郻（昜）庆吉启漾陵之厽（参—三）鉨（玺）而在之，某（梅）瘽在漾陵之厽（参）鉨（玺），閈（间）御之典匱。大宧瘊内（纳）氏等。（包山 13 号简）

另一方较为有名的三合玺，是郑菱（陵）□玺。

此玺为三合玺，现存三合玺之二。民国时期出土于湖南，现藏于湖南省博物馆。“郑陵”，即楚地“菱夫”，《战国策·秦策三·范雎至秦》：“伍子胥橐载而出昭关，夜行而昼伏，至于菱夫。”

此玺缺失处，旧多以为无字。后曾复原，并有打本发表。

此后的论著引用该玺多是复原以后的图片，影响较大，较为谨慎的是去掉复原的部分。

该玺的复原存在一些问题。1. 邑旁，复原图中邑旁的两个圈作“口”形，且过于狭长，有悖于楚文字常见写法。2. 金旁，从残存的笔画看，这方三合玺金旁右下的点与“尔”左下的竖画相连，应该是超出了底横的。3. 尔旁，“尔”的上部应该是“个”形，而不是原复原图中的“十”形。4. 复原图中“玺”字上方没有字，空处略大。

或许可以复原如下：

该玺缺失三玺之一，与一般的残泐不同，引用该玺图片原则上应该是只用现存的两部分。至于释文，以用“□”代替缺失的文字，作“郏菱□玺”为上；或可补“之”字，作“郏菱【之】玺”。

楚还有一些只存三分之一的三合玺，如“玺”（《鸭雄绿斋藏中国古玺印精选》023、“城”（《鉴印山房藏古玺印菁华》9）、“京”（《玺苑》）等。

楚两合玺完整的如“𢉩”(《可斋论印新稿》图版一、上海博物馆陈列室)。

残存一半的如“臧室”(《珍秦斋藏印·战国篇》3)。

“府(府)”(《珍秦斋藏印·战国篇》4)。

“大府”(5590)。

“□玺”(《大风堂古印举》1)。

“鈘谿”(《缵述堂古印存》、《鉴印山房藏古玺印菁华》218 页)。

“敬玺”(《阜阳·亳州出土文物文字编》“古玺、印章”类 16)。

秦两合印有完整的，如“王瘳·中壹”(《鉴印山房藏古玺印菁华》164)。

“王快”(《珍秦斋藏印·秦印篇》354、《方寸乾坤——珍秦斋藏历代玺印精品集》75 页)。

残存一半的，如“吉”(《鉴印山房藏古玺印菁华》162)。

【参考文献】

湖南省博物馆：《湖南省文物图录》，湖南人民出版社，1964 年，59 页。

李家浩：《信阳楚简“浍”字及从“关”之字》，《中国语言学报》第一期，商务印书馆，1983 年，189—199 页。又《北京大学哲学社会科学优秀论文选》第三辑，北京大学出版社，1988 年，242—257 页。又《著名中年语言学家自选集・李家浩卷》，安徽教育出版社，2002 年，194—211 页。

李家浩：《楚国官印考释(四篇)》，《江汉考古》1984 年 2 期，44—49 页。后收入《著名中年语言学家自选集・李家浩卷》，安徽教育出版社，2002 年，125—140 页。

湖南省博物馆：《湖南省博物馆藏古玺印集》，上海书店出版社，1991 年，1 页。

湖北省荆沙铁路考古队：《包山楚简》，文物出版社，1991 年，41 页考释[32]。

湖北省文物考古研究所、北京大学中文系：《望山楚简》，中华书局，1995 年，126 页注[一一二]。

萧　毅：《古玺文字研究》，中山大学博士学位论文，2002 年，14 页。

孙慰祖：《可斋论印新稿》，上海辞书出版社，2003 年。

施谢捷:《古玺汇考》,安徽大学博士学位论文,2006 年,169—170 页。

萧　毅:《古玺所见“玺”字的地域特征》,《简帛》(二),上海古籍出版社,2007 年,71—79 页。

谷村熹斋:《缵述堂古印存》,《东方艺术》2008 年 21 期,76—105 页。

孙慰祖:《中国印章——历史与艺术》,外文出版社,2010 年,36 页。

萧　毅:《楚官玺札记二则》,第五届中国文字学国际学术研讨会(天津)2010 年。修改后署名萧毅、王一名发表在《武汉大学学报》(人文科学版)2014 年 2 期,93—97 页。

马　楠:《清华简第一册补释》,《中国史研究》2011 年 1 期,93—98 页。

刘洪涛:《战国官印考释两篇》,复旦大学出土文献与古文字研究中心网,2011 年 9 月 27 日,http://www.gwz.fudan.edu.cn/SrcShow.asp?Src_ID=1666。

萧　毅:《合玺“敬玺”考》,《古文字研究》第三十辑,中华书局,2014 年,303—306 页。

上海博物馆:

http://www.shanghaimuseum.net/treasure/show/detail?treasureId=368&secondSelectType=treasureDynasty&keywords=&treasureDynastyId=2&treasureCategoryId=&treasureChildCategoryId=&treasureAllCategoryId=。

私玺选读

21. 肖上·私句[1]

【图版】

【释文】

肖[2]上[3]·私句[4]

【著录】

4130;《故宫博物院藏古玺印选》210

【注释】

[1] 燕玺。现藏于故宫博物院。

[2] 肖,姓氏,读为“赵”。燕玺中的“肖”多从少声。

[3] 上,人名。

[4] 私句,玺印自名。句,或读为“钩”,或读为“记”。

【延展阅读】

1. 穿带印

战国时期穿带印各系均有，一般为私玺，正背两面都有文字。

一般一面为姓名，另一面有姓名、自名、成语等三种形式。两面都是成语的少见。

燕玺，如“后闢封·后闢封”(4091、《故宫博物院藏古玺印选》209)、“长诂·千秋”(0824)、“畋雝·□玺”(1508)、“公孙□·千秋”(3887)、“东方□·□”(3957)等。

齐玺，如“王□·信玺”(0482)。

三晋玺，如“事閖·閖”(1770、《故宫博物院藏古玺印选》124)、“王采·私玺”(0438)、“韩乳(孺)子·韩志”(2371)、“事舡·千在”(1856)、“肖(赵)乳(孺)子·曲玺”(0907)、“司马法·司马寡士(?)”(3797)等。

楚玺，如“莫嚣·敬”(1617、《故宫博物院藏古玺印选》87)、“繎乙·敬”(2540)、“埸训·训玺”(2565)、“敬·信”(5039、《故宫博物院藏文物珍品大系·玺印》85)等。

此外，还有一些较为特殊的穿带印，或只有一面有文字，或四面皆有文字，如二晋玺“肖(赵)春”(《珍秦斋藏印·战国篇》152)、楚玺“臧(藏)芋·臧(藏)義(?)·敬上·信玺”(《珍秦斋藏印·战国篇》150)。

有一方秦穿带印四面有字，文字为“隗起·臣舍·交仁·相思”（私人藏印），两面为姓名，两名为成语。

以此例之，上举楚玺“臧(臧)芋·臧(臧)義(?)·敬上·信玺”中的“信玺”或可看作成语类。

【参考文献】

吴振武：《谈战国货币铭文中的“曲”字》，《中国钱币》1993 年 2 期，16—21 页。

何琳仪：《战国古文字典》，中华书局，1998 年，340—341 页。

肖晓晖：《古玺文新鉴》，世界图书出版公司，2005 年，22—23 页。

22. 郭生让[1]

【图版】

【释文】

亭(郭)[2]生[3]让[4]

【著录】

2828;《故宫博物院藏古玺印选》206;《中国玺印篆刻全集·玺印下》一二四

【注释】

[1] 燕玺。现藏于故宫博物院。

[2] 亭,读为"郭",姓氏。

[3] 生,姓氏与名字之间的附加字,有学者读为"姓"。

[4] 让,"上"之繁构。鄂君启节、包山150号简有此字,读为"上"。

【延展阅读】

1. 钮制

此玺钮作觿状，一般称为觿钮。

觿，解绳器。《说文解字·角部》："觿，佩角，锐端可以解结。从角，巂声。《诗》曰：童子佩觿。"常作佩饰，主要有角质、骨质、玉质等，多雕磨精致。如山东长清仙人台春秋邿国墓地五号墓出土的角觿(《文物》1998 年 9 期彩色插页贰)。

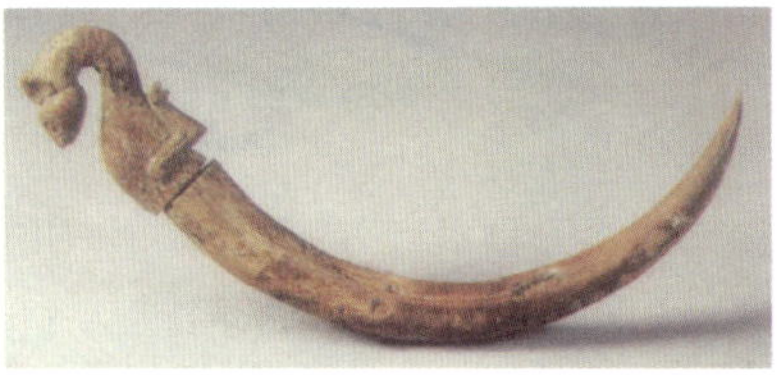

战国玉龙首纹觿(《故宫博物院藏文物珍品大系·玉器编 3·春秋战国》73)、战国玉鸟形觿(同上 205)、战国玛瑙觿(同上 208)。

安徽巢湖北山头一号墓西汉玉觿(《巢湖汉墓》130 页、彩版六九—1)。

山东济宁肖王庄1号汉墓出土的东汉玉觿(《考古学集刊》12集49页、图版7.5)。

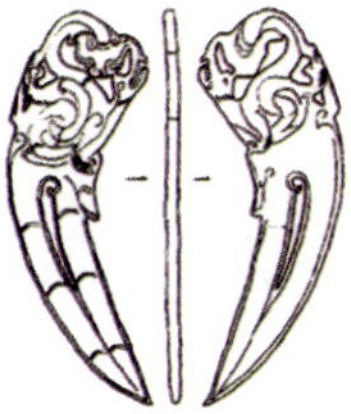

战国时期觿钮主要见于燕玺，如“长生⿰耳壴”(《中国玺印篆刻全集·玺印下》一二三、《故宫博物院藏古玺印选》205)。

还有有两个角的觿钮，罕见。如“王生亮(?)”(《大风堂古印举》43)。

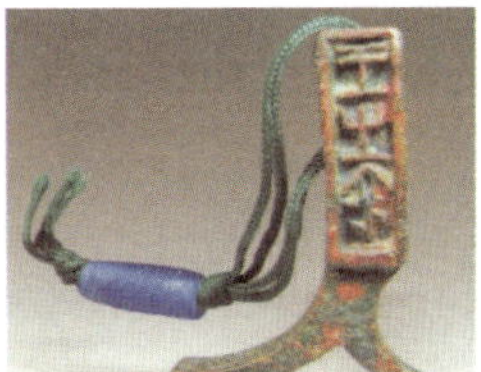

三晋也有这种钮制，如“高佗”(1135、《苏州博物馆藏玺印》65)。

秦汉印中也常见觿钮，如秦印“贞士”(《方寸乾坤——珍秦斋藏历代玺印精品集》67页)、“王琐”(《中国古铜印の美》228)、“宛臣”(《湖南古代玺印》47页、《湖南省博物馆藏古玺印集》100)、“范欺”(《方寸乾坤——珍

秦斋藏历代玺印精品集》69 页)等。

汉印如“日利”(《古玺印考略》162 页)、“陈君”(《鉴印山房藏古玺印菁华》238)、“壶建”(《鉴印山房藏古玺印菁华》239)等。

古玺中这种觿形不仅见于印纽，印面也有作觿形的，主要见于燕玺，如“畋生□”（1504、《中国历代玺印艺术》54、《浙江省博物馆典藏大系·方寸乾坤》32页）、“良生㕣”（2713）、“□章”（3631）等。

有一方成语印“大吉”（5577），从文字看还难以判断地域归属。

2. 郭

这种上部有“屮”形的“亯（郭）”皆见于燕玺，如“亯（郭）午”（2794）、“亯（郭）生返”（2825）、“亯（郭）生脐”（2829）等。

以前或释为“韩”，或释为“南郭”，近来有学者释为“章(郭)”。

燕文字中还有一种“章”，下部讹作“寸”字形，如“章(郭)乘”(5672)。

“郭”字也见于其他系别。

三晋玺，如“椁(郭)胡易”(2464)、“椁(郭)都”(2460)、“椁(郭)馆”(2443)等。

楚玺如“郭公里玺”(5601)。

3. 某生某

“某生某”的这种形式，燕玺中较为常见。如“卫生达”(1340、《故宫博物院藏古玺印选》207)、“倅生□”(3488、《故宫博物院藏古玺印选》208)、“鲁生承”(《珍秦斋藏印·战国篇》82)等。

“某生”的这种形式，曾见于西周金文，有学者分为五类：

1. 某生。
2. 某生＋私名
3. 本人氏名＋某生
4. 职官名＋某生
5. 国邑氏名＋排行＋某生

并认为“生”都应该读为“甥”。

或认为金文中的哪些“生”可读为“甥”，要具体分析。

这种人名在战国古玺中常见，下面是一些对比的例子：

“卫生达”(1340)、“卫得”(1341)；

“郭生返”(2825)、“郭达”(2819)；

“王生乘”(3945)、“王恋”(0386)；

“长生午”(3949)、“长午”(0666)；

“乔生孙”(4096)、“乔臣”(1222)；

“公孙生良”(3926)、“公孙朱”(3910)；

“东方生乘”(3961)、“东方兴”(3962)。

【参考文献】

张亚初：《两周铭文所见某生考》，《考古与文物》1983 年 5 期，83—89 页。

李学勤：《鲁方彝与西周商贾》，《史学月刊》1985 年 1 期，31—34 页。

汤馀惠：《略论战国文字形体研究中的几个问题》，《古文字研究》第十五辑，中华书局，1986 年，9—100 页。

曹锦炎：《古玺通论》，上海书画出版社，1996 年，84—85 页。

李家浩：《燕国“洀谷山金鼎瑞”补释》，《中国文字》新廿四期，1998 年，71—81 页。后题为《燕国“洀谷山金鼎瑞”补释——为纪念朱德熙先生逝世四周年而作》,收入《著名中年语言学家自选集·李家浩卷》,安徽教育出版社,2002 年,148—159 页。

山东大学历史文化学院考古系:《长清仙人台五号墓发掘简报》,《文物》1998 年 9 期,18—30 页、彩色插页壹、彩色插页贰。

济宁市文物管理局:《山东济宁市肖王庄 1 号汉墓》,《考古学集刊》12 集,41—112 页,1999 年。

安徽省文物考古研究所、巢湖市文物管理所:《巢湖汉墓》,文物出版社,2007 年,130 页、彩版六九—1。

田　炜:《古玺探研》,中山大学博士学位论文,2008 年,116—118 页。

孙家潭:《大风堂古印举》,西泠印社出版社,2009 年。

罗福颐:《古玺印考略》,紫禁城出版社,2010 年,162 页。

故宫博物院:《故宫博物院藏文物珍品大系·玉器编 3·春秋战国》,紫禁城出版社、安徽美术出版社,2011 年。

23. 西方疾[1]

【图版】

【释文】

西方[2]疾[3]

【著录】

3966;《中国玺印篆刻全集·玺印下》一三一;《天津艺术博物馆藏古玺印选》28 页

【注释】

[1] 燕玺。现藏于天津艺术博物馆。

[2] 西方,复姓。《姓苑》:"少昊金天氏位主西方金,因氏焉。"《姓氏急就篇》:"西方氏,燕有西方虔,北平人。后唐西方邺。"燕玺中还有"西方齿"(3964)、"西方尚"(3965)等,三晋玺中有"西方宜"(3963)。

[3] 疾,人名,古玺习见。《说文解字·疒部》:"疾,病也。"战国时期好以疾病名为人名,其中缘由尚无确切的解释。有学者认为"揣测古人这种命名在寓意上是取其正言若反,或是以毒攻毒。也可能古人在心目中

大概有这样的观念，即如果名字中用了某一种疾病名，就代表这个人已经得过这种疾病，从此就不会再得这种疾病了”。

【延展阅读】

战国文字中的疒旁有较强的地域性。

燕玺疒旁上部笔画多为竖折，作└形，较为一致；下部笔画，较为常见的，是长竖下端多为折笔；左边两折笔多平直，横画多作单笔。多作厂形。如“松瘇”(2402)、“公孙瘠”(3873)、“乔瘠”(1242)、“余瘠”(1291)。

长竖或为弧笔、或直出。左边折笔或为斜笔，近∧形；横向笔画或作复笔，罕见。如“乔瘛(痁)”(0795)、“郭疾”(2812)、“事疠”(1866)、“长疠”(1227)、“□瘠”(3550)。

齐玺长横与左侧顶部短横合为一笔。长竖直出，左边横画多作复笔，且短竖上端多不突出，与楚文字有别。多作厂形，如“瘿庆信玺”(0236)、“东乡瘣玺”(3742)、“宋迲疾玺”(1433)、“王疾”(0600)。

晋玺形式较多。上部笔画多为折笔，或为直角，或为锐角；上部或为长横，左端或超出长竖，近“T”形，或与长竖上端相接，近“┌”形。长竖多直出，或微曲，上端或超出长横，近“卜”形。左边两折笔多平直，或作斜笔。

较为常见的形体，是上部笔画为竖折，作乚形，长竖直出，左边两折笔平直。如“长疡”(0792)、“悆瓜”(2670)、“郵癰”(2016)。

最有特色的，是顶部左端的折笔作锐角状，如“邘迲疾”(2153)、“鄅疾”(1972)、“桀瘊”(1388)。

其他的形体，如“长疛”(0790)、“肖疾”(1026)、“痳”(0469)、“痯”(1543)。

楚玺常省从爿，颇有特色。左侧多省略一足，两竖笔一长一短，中间有两横。如“周痤”(1198)、“张瘘”(3756)。或两足俱在，如“黄痤”(《古玉印集存》83)。

楚简文字中有不省的，如“瘆”(包山 187)、“疾”(包山 242)、“瘳”(包山 171)。

【参考文献】

萧　毅:《古玺文字研究》,中山大学博士学位论文,2002 年,13—14 页。

田炜:《古玺探研》,中山大学博士学位论文,2008 年。又《古玺探研》,华东师范大学出版社,2010 年,146—186 页。

刘　钊:《关于秦印姓名的初步考察》,《出土文献与传世典籍的阐释——纪念谭朴森先生逝世两周年国际学术研讨会论文集》,上海古籍出版社,2010 年,361—385 页。

刘建峰:《战国玺印文字构型分域研究》,山东大学博士学位论文,2012 年,79—80 页。

24. 公孙郾[1]

【图版】

【释文】

公孙[2]郾[3]

【著录】

3857;《中国玺印篆刻全集・玺印下》一一四;《中国美术全集・书法篆刻编7・玺印篆刻》一〇〇;《故宫博物院藏古玺印选》190

【注释】

[1] 燕玺。现藏于故宫博物院。

[2] 公孙,复姓。《通志・氏族略・以爵系为氏》:"公孙氏,春秋时诸侯之孙,亦以为氏者,曰公孙氏,皆贵者之称。或言黄帝姓公孙,因亦以为氏。"

[3] 郾,《说文解字・邑部》:"郾,颍川县。从邑匽声。"古郾子国地,战国属魏,秦置郾县。故城在今河南省郾城县南。字又同"燕",古国名,周代燕国自称为"郾""匽"。此用为人名。

【延展阅读】

1. 公孙

各系玺印“公孙”的书写有较大的差异。

燕玺，不作合文，“公”下面的“□”形部件中间一般有点饰。“孙”从子从幺（糸省），幺左子右。如“公孙腹”（《珍秦斋藏印·战国篇》30）、“公孙秦”（3853、《故宫博物院藏古玺印选》191）、“公孙张”（3861）、“公孙章”（3842）等。

齐玺，一般作合文，“公”“孙”共用“▽”形，有合文符号，孙从糸，不省。如“公孙□”（3912、《故宫博物院藏古玺印选》56、《中国玺印篆刻全集·玺印下》一九五）、“公孙安信玺”（3922）、“公孙隻”（3914）等。

三晋玺，一般不作合文，“幺”下面有两短横。如“公孙䚮”(《珍秦斋藏印·战国篇》31)、“公孙㦡”(3855)、“公孙鈒”(3875)等。

楚玺，多作合文，“公”“孙”共用“▽”形，有合文符号，“孙”从子从幺(糸省)，子左幺右。如“公孙昌”(《珍秦斋藏印·战国篇》29)、“公孙仓”(3907、《故宫博物院藏古玺印选》55)

也有不作合文的，如“公孙犺”(3911)。

2. 鸟虫书

春秋中晚期的一些金文里，明显出现了美术化倾向，有一些美术字出现。在春秋晚期到战国早期，出现了一种较为特殊的美术字体，那就是鸟虫书。

鸟虫书，最早称为“虫书”。许慎《说文解字·叙》：“自尔秦书有八体，一曰大篆，二曰小篆，三曰刻符，四曰虫书，五曰摹印，六曰署书，七曰殳书，八曰隶书。”西汉初年，虫书仍作为“六体”之一，《汉书·艺文志》：“汉兴，萧何草律，亦著其法，曰：‘太史试学童，能讽书九千字以上，乃得为史。又以六体试之，课最者以为尚书御史史书令史。吏民上书，字或不正，辄举劾。’六体者，古文、奇字、篆书、隶书、缪篆、虫书，皆所以通知古今文字，摹印章，书幡信也。”

至新莽，则称虫书为“鸟虫书”，《说文解字·叙》：“及亡新居摄，使大司空甄豐等校文书之部，自以为应制作，颇改定古文。时有六书，一曰古文，孔子壁中书也；二曰奇字，即古文而异者也；三曰篆书，即小篆，秦始皇帝使下杜人程邈所作也；四曰佐书，即秦隶书；五曰缪篆，所以摹印也；六曰鸟虫书，所以书幡信也。”鸟虫书即是指原来的虫书。

颜师古注《汉志》时指出：“虫书，谓象虫鸟之形，所以书幡信也。”段玉裁注《说文》时，更明确地说：“上文曰虫书，此曰鸟虫书，谓其象鸟或象虫，亦称羽虫也。”《大戴礼记·曾子·天园》：“毛虫之精者曰麟，羽虫之精者曰凤，介虫之精者曰龟，鳞虫之精者曰龙，倮虫之精者曰圣人。”虫的含义其实已经囊括了所有的飞禽走兽和人类，因此，浑言之为“虫书”，析言之为“鸟虫书”。

根据现有的资料分析，鸟虫书主要流行于长江中下游地区，影响波及中原一带。以先秦国别而言，见于越、吴、蔡、楚、曾、宋、齐、徐等国；就年代可考者，最早的应属楚王子午鼎（前558），最晚的为越王不光剑（越王不光即越王翳，前411—前376在位），流行时间已接近二百年。

不过，在古玺中却存在一个奇怪的现象，就是鸟虫书主要见于燕玺，且只见于私玺。如“王张”（0622）、“长寠”（0745）、“郭张”（2811）、“蒦丘臣”（3326）、“乔□”（3329）、“蝖生猲忛”（3452）等。

三晋玺、楚玺中偶尔可见，如三晋玺“成臣”（《北京印学》第二辑30页）、“赋午”（1304、《故宫博物院藏古玺印选》151）、楚玺“呈志”（《中国玺印集粹》258）。

除有明显的鸟虫形体外，燕玺中还有一类笔画局部增粗的文字，或许也可以看作是鸟虫书。如“王喜”（0396）、“王陌”（0519）、“长九”（0732）、“畋弃”（1485）等。

鸟虫书一直延续到秦汉以后。

1968年，河北满城中山靖王刘胜墓出土了两件错金银鸟虫书铜壶。这里录甲壶铭文如下。

盖铭：为金盖，错书之，有言三，甫金鉌。

颈铭：盖圜四苻，䧧尊成壶。

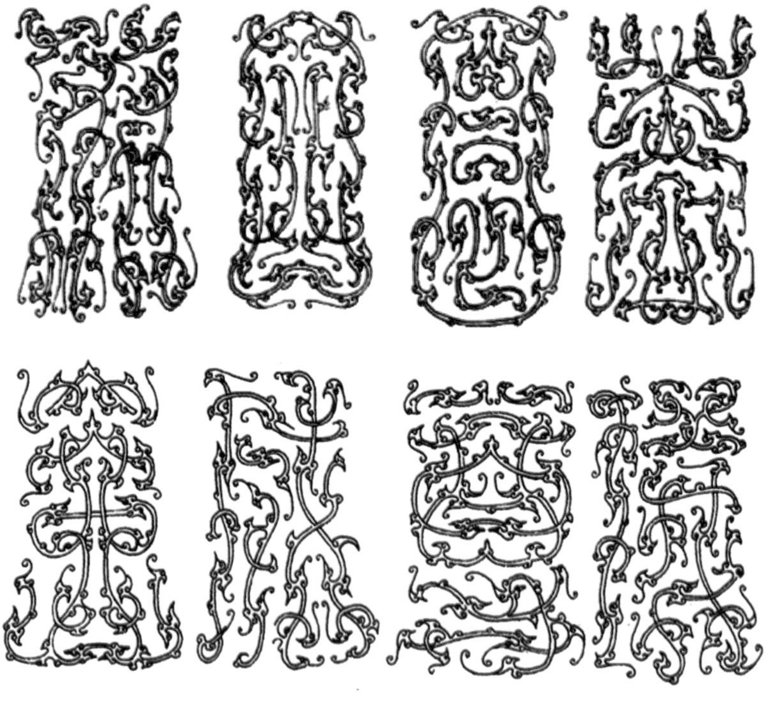

肩铭：盛兄盛味，於心佳都。隉於

腹铭：口味，交闰血膚。延寿去病，万年有馀。

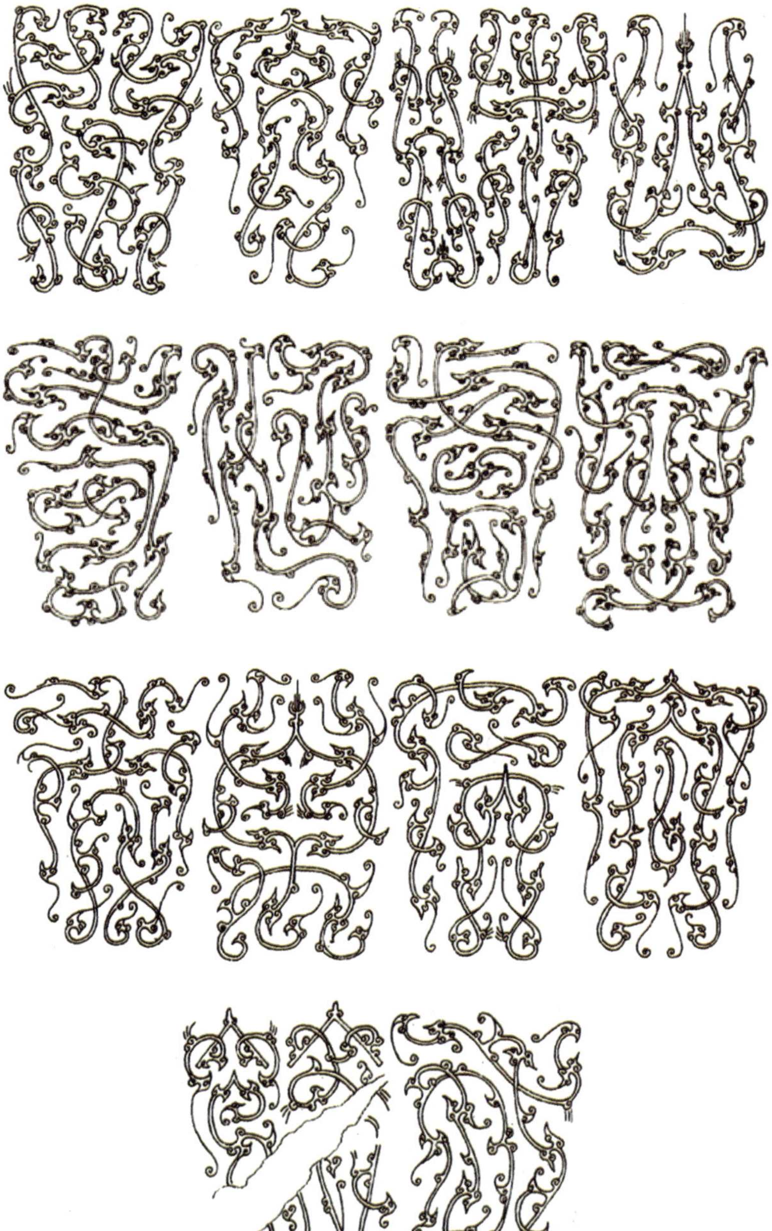

汉代的鸟虫书，更多的是见于印章。如“武意”(《上海博物馆藏印选》100 页、上海博物馆馆藏珍品百选)。

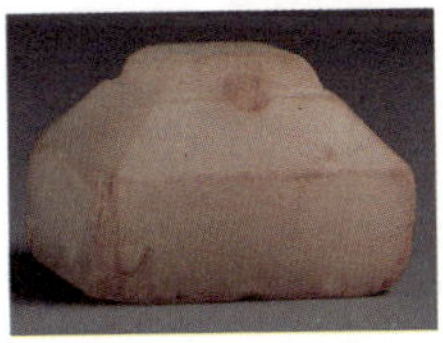

“苏意”(故宫博物院网站、《中国玺印篆刻全集·玺印下》九九六、《故宫博物院藏古玺印选》493)。

“薄戎奴”(《中国玺印篆刻全集·玺印下》一〇〇四)。

“新成甲”(《古玉印集存》470，故宫博物院网站)。

“石贺”(《中国玺印篆刻全集·玺印下》一〇〇一、《湖南省博物馆藏古玺印集》260)。

“刘说”(《中国玺印篆刻全集·玺印下》九九九、《湖南省博物馆藏古玺印集》264)。

有些鸟虫书有细工,跟肖形印一样,用泥拓才能充分展现细节,如“张子路”(《大风堂古印举》57)、“郭待君”(《盛世玺印录》284)。

【参考文献】

容　庚:《鸟书考》,《中山大学学报》1964 年 1 期,75—113 页。

肖　蕴:《满城汉墓出土的错金鸟虫书铜壶》,《考古》1972 年 5 期,49—52 页、图版拾贰。

张振林:《中山靖王鸟篆壶铭之韵读》,《古文字研究》第一辑,中华书局,1979 年,157—174 页。

马国权:《鸟虫书论稿》,《古文字研究》第十辑,中华书局,1983 年,139—176 页。

曹锦炎:《鸟虫书通考》,上海书画出版社,1999 年。

吴砚君:《三晋古玺杂说》,《北京印学》第二辑,中国艺术出版社,2009 年,22—37 页。

故宫博物院:http://www.dpm.org.cn/shtml/117/@/7633.html。

故宫博物院:http://www.dpm.org.cn/shtml/117/@/7635.html。

上海博物馆:http://www.shanghaimuseum.net/cn/dcjx/xy_view.jsp?id=131&lb=37&sd=0&isjp=0。

上海博物馆:

http://www.shanghaimuseum.net/treasure/show/detail?treasureId=368&secondSelectType=treasureDynasty&keywords=&treasureDynastyId=2&treasureCategoryId=&treasureChildCategoryId=&treasureAllCategoryId=。

25. 率吴汲[1]

【图版】

【释文】

率吴[2]汲[3]

【著录】

4113;《中国玺印篆刻全集·玺印下》一〇三

【注释】

[1] 燕玺。现藏于故宫博物院。

[2] 率吴,复姓,读为“鲜虞”。鲜虞氏,也即鲜于氏。《风俗通·姓氏篇》:“武王封箕子于朝鲜,其子食采于朝鲜,因氏焉。”1977年出土于天津市武清县兰城村的东汉《鲜于璜碑》:“其先祖出于殷箕子之苗裔。”春秋末年,鲜虞氏建立中山国。

[3] 汲,人名。《说文解字·水部》:“汲,引水於井也。从水从及,及亦声。”

【延展阅读】

1. 率吴

“率吴”复姓在古玺中较为常见，但是仅见于燕玺，字形上有不少变化，如“率吴遅”(4106、《故宫博物院藏古玺印选》192)、“率吴角”(4116)、“率吴台”(4109)、“率吴信”(4111)等。

这个复姓以前多释为“率加”，后来有“轩辕”“率吶(铁弗)”“率吴(鲜虞)”“彝吴(夷吾)”等多种释读。

2. 水

燕玺水旁居左。多作形，笔画平直，四点多与中竖平行，上、下两端较为齐整。四点外撇作“八”形者少见。如“洀城都司徒”(0017)、“阏阴都清左”(0215)、“沶(染?)□都司徒”(0018)、“东昜(阳)海泽王勹鍴(瑞)”(0362)、“洀城”(0359)。

少数横写，如“鄬(齐)君水”(1598)。

齐玺水旁位置变化多，或左或右或居下。中画一端略有弯曲，上曲下直者较有特色。四点一般向两侧微微张开近“八”形，较有特色；较开张者以及四点与中竖平行者少见。如“王㴲”(0603)、“沔㵟”(2599)、“郐㴲”(1947)、“清陵□职筲市”(0156)、“右卢淳亭玶玺”(0259)、“水丘亡地”(3508)。

三晋玺水旁或居左，或居右，居右者他系少见；居下者少见。中画大体可分为三类，一类上端竖直，下端多向右弯，向左弯者少见；一类弯曲较多，多作反“S”形，“S”形或“3”形少见；一类竖直，不多见。四点一般较短，多位于中上部，多与中画邻近段平行，微微张开近“八”形者少见。如“汤匀”(1565)、“椁(郭)溤”(2437)“沱青”(2583)、“郢衍”(1979)、“下匡取水”(4061)、“郵汎”(2032)、“韩沽”(2354)、“邛溹”(1667)。

楚玺水旁一般居左。中画多作反“S”形。四点多居中画两端并与两端平行。如“江夌(陵)行宫(馆)大夫玺”(0101)、“流飤之玺”(0212)、“㴲流”(3201)、“五渚正玺”(0343)。

中画竖直者少见,如“安易(阳)水玺”(《中国历史博物馆馆刊》1979年1期88页)、“洓郪”(2598)。

有些水旁横写,如“四水发”(《尊古斋金石集》302页)、“孙浩”(1559)、“潍东旅玺”(《鉴印山房藏古玺印菁华》218页)、“黄涉”(《古玉印集存》84)。

【参考文献】

何琳仪:《战国古文字典》,中华书局,1998年,950页;1233—1234页。

吴振武:《燕国玺印中的“身”字》,《胡厚宣先生纪念文集》,科学出版社,1998年,196—199页。

董　珊:《战国题铭与工官制度》,北京大学博士学位论文,2002年。

萧　毅:《古玺文字研究》,中山大学博士学位论文,2002 年,12 页。

张振谦:《燕玺复姓“夷吾”考》,《中国文字学报》第四辑,商务印书馆,2012 年,114—120 页。

刘建峰:《战国玺印文字构型分域研究》,山东大学博士学位论文,2012 年,110—112 页。

26. 才逪[1]

【图版】

【释文】

才[2]逪[3]

【著录】

3222

【注释】

[1] 齐玺。

[2] 才，姓氏。后世有“才”姓，《续通志·氏族略六》：“才，明才俊，高邮州判。才宽，天顺进士，历官宣大总督、兵部尚书。”

[3] 逪，人名。字从辵从耳，其中耳有饰笔，学者多认为从取。

【延展阅读】

战国时期各系的“耳”形体上有些差异。

燕系文字“耳”左侧的笔画，上端超出顶横，略向左弯，下部或直出，或右弯，但不超出右侧竖画。右画上端多与中横右端相接。左画及右画中下部或有饰笔。如“郭耳”(2797)、“畋聑(听)”(1500)、“缳聑(听)”(2603)、“茸迡”(3207)。

齐系文字“耳”左竖上端与上横左端相接,左、右两画多直出。右画上端多与中横右端相接。右画有饰笔,或为短横,或为“V”形,或为“U”形。如“闻(门)司马玺”(0030)、“王佴”(0590)、“毁□佴玺”(3705)、“才迡”(3222)、“豆里迡”(《古陶文汇编》3.586)、“迡”(《古陶文汇编》3.1316)。

齐系文字中这种饰笔作“U”的形体,一般认为从取,其实也是耳旁。

三晋系文字中,“耳”左侧的笔画,上端竖直,超出顶横,下部右弯并延至右画下,常超过右画。右画上端多与中横右端相接,下部或直出,或右弯。左右两画皆无饰笔。如“长圣”(0778)、“粤耳”(2952)、“侯耿”(1092)、“长諿”(0819)、“桃聴”(2404)。

右画上端超出中横者,不多见,如“耶(圣)人”(4511)、“牛圣”(1215)。

楚系文字中,较为特殊的是顶部加有短横的形体,只见于楚文字。单就“耳”形来看,中间笔画的常见写法是两横一竖,其中竖画多到达顶画,而其他系别的写法是竖多与中横组成横折笔,不到顶画。如“登联”(5663)、“聊遯达玺”(0263)、“圣”(包山130号简)、“耳”(包山265号简)、“耳”(包山34号简)。

【参考文献】

何琳仪:《战国古文字典》,中华书局,1998年,386—387页。

萧　毅:《古玺文字研究》,中山大学博士学位论文,2002年,13页。

萧　毅:《楚简文字研究》,武汉大学出版社,2010年,206—208页。

27. 王閒信壐[1]

【图版】

【释文】

王閒[2]信壐[3]

【著录】

0650;《故宫博物院藏文物珍品大系·壐印》50;故宫博物院网站

【注释】

[1] 齐壐。印面 20 mm×20 mm,通高 16 mm。现藏于故宫博物院。

[2] 王,姓氏。閒,人名。《说文解字·门部》:"閒,隟也。从门从月。閖,古文閒。"

[3] 信壐,壐印自名。

【延展阅读】

1. 覆斗纽

方形玉印,最常见的就是这种覆斗钮。

燕鉨如“长坪（平）君伹室鉨”（0003、《中国鉨印篆刻全集·鉨印上》一）。

齐鉨如“郐膚信鉨”（1954、故宫博物院网站）。

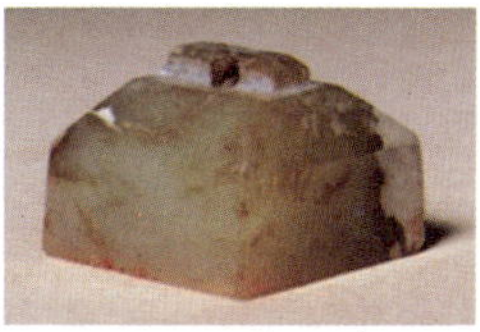

三晋鉨如“春安君”（0005，《中国鉨印篆刻全集·鉨印上》六九）、“匈奴相邦”（0094、《上海博物馆历代鉨印馆》）。

楚鉨如“絑缨”（1573、故宫博物院网站、《故宫博物院藏文物珍品大系·鉨印》46）。

秦汉时期也多如此。如汉印“田莞”(《故宫博物院藏古玺印选》488，故宫博物院网站)。

2. 纹饰

王閒信玺印台四面以及斜面雕有纹饰。

古玺印中印体有纹饰的玉印很少。

齐玺如“君之信玺”(0007,《中国玺印篆刻全集·玺印上》六七)。

秦印如“公孙縠印”(《中国玺印篆刻全集·玺印下》三六、中国国家博物馆网站、《古玉印集存》120、彩版 3 页)。

汉印如“皇后之玺”(《古玉印集存》162、彩版 4)。

铜印中也有些玺印印体有纹饰。

三晋玺如"慎日"(《珍秦斋藏印·战国篇》224)、"慎日"(《鸭雄绿斋藏中国古玺印精选》067)、"千万"(《鸭雄绿斋藏中国古玺印精选》075)、"王□敬□"(《鸭雄绿斋藏中国古玺印精选》051)。

楚私玺印体常见带有"×"形的纹饰,地域特色浓厚。如"黄举"(1257、《中国玺印篆刻全集·玺印下》一六一、《湖南省博物馆藏古玺印集》14)、"椶齐"(《鉴印山房藏古玺印菁华》34、《中国玺印篆刻全集·玺印下》一六八)、"臧□"(《珍秦斋藏印·战国篇》148)。

柱钮如“张女”(《湖南古代玺印》39 页、《湖南省博物馆藏古玺印集》12)、“祁□信玺”(2112、《中国玺印篆刻全集·玺印下》二〇〇)、“信”(《湖南古代玺印》41 页、《湖南省博物馆藏古玺印集》48)、“信”(《鸭雄绿斋藏中国古玺印精选》082)。

这种纹饰偶见于汉印,如“衔时”(《吉林大学藏古玺印选》269)。

秦印如“王欣”(《方寸乾坤——珍秦斋藏历代玺印精品集》75 页)。

汉印“徐尊”(《中国玺印篆刻全集·玺印下》五六三、《故宫博物院藏古玺印选》524)四周饰以四灵。

有些纹饰是烫银或镶嵌工艺，如三晋玺“又宜”(《珍秦斋藏印·战国篇》206)、“肖(赵)䝼”(《珍秦斋藏印·战国篇》47)、秦印“李状”(《盛世玺印录》226)等。

【参考文献】

王国维:《匈奴相邦印跋》,《观堂集林》,中华书局,1959 年,914—915 页。

黄盛璋:《"匈奴相邦"印之国别、年代及相关问题》,《文物》1983 年 8 期,67—72 页。

田　炜:《古玺探研》,中山大学博士学位论文,2008 年。又《古玺探研》,华东师范大学出版社,2010 年,28—32 页;187—188 页。

故宫博物院:http://www.dpm.org.cn/shtml/117/@/7630.html。

故宫博物院:http://www.dpm.org.cn/shtml/117/@/7631.html。

故宫博物院:http://www.dpm.org.cn/shtml/117/@/7632.html。

上海博物馆:http://www.shanghaimuseum.net/cn/dcjx/xy_1.jsp? id=115。

上海博物馆:

http://www.shanghaimuseum.net/treasure/show/detail? treasureId=368&secondSelectType=treasureDynasty&keywords=&treasureDynastyId=2&treasureCategoryId=&treasureChildCategoryId=&treasureAllCategoryId=。

中国国家博物馆:

http://www.chnmuseum.cn/(S(xzpxoa45dgvuoo55le3lzf45))/Default.aspx? TabId=212&AntiqueLanguageID=3458。

28. 王庆忌[1]

【图版】

【释文】

王庆忌[2]

【著录】

5587;《文物》1972 年 5 期 43 页;《山东新出土古玺印》180

【注释】

[1] 齐玺。印面 14 mm×14 mm,通高 10 mm。现藏于山东省博物馆。

[2] 庆忌,人名,先秦至秦汉时期习见。庆忌为水精,《管子·水地》:“或世见,或世不见者,生蟡与庆忌。故涸泽数百岁,谷之不徙,水之不绝者,生庆忌。庆忌者,其状若人,其长四寸,衣黄衣,冠黄冠,戴黄盖,乘小马,好疾驰,以其名呼之,可使千里外,一日反报,此涸泽之精也。”

【延展阅读】

1. 汉墓出土古玺

这方玺印 1970 年出土于山东曲阜九龙山汉墓,同出的还有两方“出内(入)大吉”(5595、《山东新出土古代玺印》332)和一方“王未央”(《山东新出土古代玺印》333)。

其中“王庆忌”“出内(入)大吉”为战国文字,“王未央”为篆文。发掘者推测“可能是鲁王之墓”。后来有学者考证“王庆忌”印文,谓墓主应为鲁孝王刘庆忌。鲁孝王武帝后元元年(前 88 年)嗣位,宣帝甘露三年(前 51 年)薨。

1978 年,石家庄西郊一座汉墓中也出土一方古玺(《考古》1980 年 1 期 53 页)。

该印被认为是“秦汉之际活动於河北一带,西汉初被刘邦封为赵王的张耳私印”。据《史记·张耳陈馀列传》,张耳於汉四年(前 203)夏封为赵王,汉五年(前 202)薨。

“王庆忌”“长耳”属战国,汉墓出土的这类古玺,或是当时的人找来当作自己的私印用的。西汉离战国未远,有古玺流传和出土,是完全有可能的。王和长是大姓,“庆忌”“耳”也是常见人名,汉人找到同名古玺并不困难。不过,古代同姓名的很多,墓主恐怕不一定就是鲁王刘庆忌、赵王张耳。

或许墓主可能有收集前代古物的爱好,不一定同名。

2. 王

燕玺“王”中竖下部或有饰点,或为梭形肥笔,如“王相如”(0565)、“王喜”(0396)、“王建”(0596)。偶有肥笔居中者,如“王罚”(0562)。这种肥笔仅见于燕玺。

或仅作三横一竖，特征不显。如“王达”(0511)、“王生达”(3948)、“王纕”(0499)、“王张”(0622)。

齐玺最有特色的是中竖上端突出顶横，除齐外，偶见于三晋玺。也有中竖上端不突出者。中竖下部下多有饰点。如“王楚”(0571)、“王唇”(0579)、“王盤”(0640)、“王□”(0631)。

仅作三横一竖者少见，如“王閒信玺”(0650)。

三晋玺多仅作三横一竖，如“王成”(0374)、“王瓔”(0527)。

偶有中竖上端突出顶横，下部有饰点者，与齐同，少见。如“王□”(0474)。

楚玺仅作三横一竖，较为一致。如“王繃信”(0647)、“王膧”(0623)、“王□”(0618)、“敔王”(《鉴印山房藏古玺印菁华》47)。

3. 己

燕玺笔画多平直，末笔右下垂，或增“口”。如“蚷己”(3322)、“宋己”(1391)、“长㠯”(0766)。

齐玺横向笔画作三笔完成，中有两斜画相连(多斜向左下)。如“羊厽(参)己”(3638)、“陈己玺”(1475)、“高庆忌”(1146)、“□己”(2191)。

或增“口”，如“纪□”(2611)、“纪之市巨”(《山东新出土古玺印》166)。

三晋玺多从口，“己”下横、“口”上横合为一笔，笔画平直。如“乐亡㠯”(1385)、“长亡㠯”(0855)、“䡴亡㠯”(2506)、“长纪”(0771)、“卜纪不”(1264)。有意思的是，现在看到三晋玺中的几例“纪”，皆㠯左纟右。

楚玺可确定的仅一例，见“蔡己信玺”(3696)，笔画反 S 形弯曲，笔意浓。

【参考文献】

山东省博物馆：《曲阜九龙山汉墓发掘简报》，《文物》1972 年 5 期，39—43 页，54 页。

石家庄市图书馆文物考古小组：《河北石家庄市北郊西汉墓发掘简报》，《考古》1980 年 1 期，52—55 页。

孙贯文、赵超：《由出土印章看两处墓葬的墓主等问题》，《考古》1981 年 4 期，333—338 页。

汤馀惠：《略论战国文字形体研究中的几个问题》，《古文字研究》第十五辑，中华书局，1986 年，9—100 页。

曹锦炎：《古玺通论》，上海书画出版社，1996 年，79—80 页。

何琳仪：《战国古文字典》，中华书局，1998 年，27—29 页。

田　炜：《古玺探研》，中山大学博士学位论文，2008 年。又《古玺探研》，华东师范大学出版社，2010 年，138—139 页。

赵平安：《秦西汉印章研究》，上海古籍出版社，2012 年，74—75 页。

刘建峰：《战国玺印文字构型分域研究》，山东大学博士学位论文，2012 年，124 页；138 页。

29. 公芸寿[1]

【图版】

【释文】

公芸[2]寿[3]

【著录】

3676

【注释】

[1] 齐私玺。现藏于故宫博物院。

[2] 公芸，复姓，待考。

[3] 寿，人名。“寿”字上部有封闭笔画，具齐文字特征。

【延展阅读】

1. 笔画延伸

古文字中“口”形或类似“口”形的部件常有笔画向下延伸。此玺“公”就是很好的例子。

“雝”字本是一个从吕的字，如毛公鼎。秦简睡虎地秦律杂抄4号简，下面“口”形有笔画向下延伸，写作从邑。

“穷”字本从身从吕，如郭店唐虞之道 3 号简。而里耶第八层 970 号简、睡虎地秦简为吏之道 2 号简中的“穷”字却写作从身从邑，这是由于吕旁下端的笔画向下延伸，使“吕”讹作“邑”形。

汉代文字中还有这种结构的“穷”，如马王堆帛书出行占 023、老子甲本 102、武威汉代医简 11 号简。

《说文解字》中也有写作从身从邑的“竆”字，许慎认为是一个从邑窮省声的字，说明他对于“竆”字讹变的情况已不了解。从邑的“穷”也见于秦印，如“高穷”（《中国玺印类编》255 页）。

包山 132 号简有个从宀从身从邑的字，与秦简“穷”应该是一个字。将秦简“穷”字所从的邑旁转换成楚文字的常见写法写在文字的左边，就很容易得到包山 132 号简这样的形体。或者直接从吕形在左边的“穷”（如新蔡乙四 125 号简）变化而来。

竹简文字相对于金文来说，一般写得较为随意。在楚简文字中，“口”

形笔画的弧笔常作两笔书写，有时候两笔的交接处没有很好地对接，如“周”(包山 39)、“以”(新蔡乙一 26+2)、“尚”(新蔡乙四 85)。

如果把这种很可能是笔画偶尔延伸的变化有意识地放大，就会出现较为明显的下延笔画。

“皀”“叀”也有类似的变化。变化前后的形体比较，如包山 137 号简和包山 215 号简的“既”、包山 137 号简和包山 134 号简的“剸”。

【参考文献】

魏宜辉:《楚系简帛文字形体讹变分析》，南京大学博士学位论文，2003 年，21—22 页。

萧　毅:《楚简文字研究》，武汉大学出版社，2010 年，126—128 页。

30. 閮丘郢[1]

【图版】

【释文】

閮丘[2]郢[3]

【著录】

4014

【注释】

[1] 齐私玺。

[2] 閮，从门从疋。閮丘，或可读为“闾丘”。疋，古音疑母鱼部；闾，古音来母鱼部。闾丘，复姓，也作闾邱。《通志・氏族略・以邑为氏》：“闾邱氏，志籍不言所出，然邾国有闾邱。杜预云：高平南阳县北有显闾亭，本邾地，为齐所并。往往闾邱氏食邑於此，故以命氏。”齐有闾丘婴、闾丘明。《左传・襄公二十九年》：“闾丘婴帅师围卢。”《国语・鲁语・闵马父笑子服景伯》：“齐闾丘来盟。”韦昭注：“闾丘，齐大夫闾丘明也。”或读为“楚丘”。

[3] 郢，人名。《玉篇・邑部》：“郢，乡名，在高密。”

【延展阅读】

1. 短横饰

齐文字常用短横将两竖向笔画连在一起，如“水丘亡地”（3508）的“丘”、“陈窒立事岁安邑京釜”（0289）的“立”、“王倚”（0641）的“倚”的上部。

这种短横饰楚玺中也偶尔可见，如“大虚之玺”（《南京师范大学文学院学报》2002 年 1 期 168 页）中的“虚”所从的丘旁。

2. 邑

燕玺邑旁多居左，少数居下，偶有居中、居右下者。“口”“卩”多相连，少数不连。“口”“卩”开口皆向左，为燕特有。“卩”末笔向右下斜出，上端或超出横向笔画，末端或作折笔，较有特色。如“夏屋都司徒”（0015）、“郚得”（2240）、“徒口都产（尉）”（0118）、“坪阴都司徒”（0013）、“鄬（齐）君水”（1598）、“毛鄞”（3247）、“公孙郾”（3857）、“郹（吴）纕”（2240）。

齐玺邑旁多居左，少数居下或左下。“口”“卩”多相连，少数不连。“口”多近圆形、方形，少数近倒三角形。“卩”较有特色的是开口向下，少有开口向左或无开口者；右侧笔画中部多为折笔，末端或向下，或向右；或近“弓”形，少见。如“郱邦信玺”（1590）、“郐邦”（1942）、“郪（秦）冬”（2207）、“閔丘郢”（4014）、“郈郪”（《浙江省博物馆典藏大系·方寸乾坤》36 页，又见 2206）、“易都邑□遻（徙）盐之玺”（0198）、“郐膚信玺”（1954）、“司马邦”（3819）、“郕豫之”（2218）、“郐连卺（期）”（1952）。

少数邑旁近三晋玺，如“昊鄗大夫玺”(0098)。

晋玺邑旁多居右。“口”“卩”不连。“口”或上部平直下部弧形，或作方形，或作倒三角形，或作圆形。“卩”上部多为方形或三角形，或近半圆；右侧竖笔或直下，中部或有弯曲。如“长秦”(0777)、“犊参”(2070)、“都”(5196)、“郑泽”(1619)、“长悒”(0695)、“郶瘿”(2091)、“鮇都”(2487)、“郪□”(2015)、“郑同”(1618)、“郼释之”(1873)、“邧迲疾”(2153)。

邑旁居左者少见，如“郱息”(1578)。偶有在末笔上加饰笔者，如“郱□”(1582)。

楚玺邑旁多居左。“口”“卩”多相连，不连者少见。“口”多作倒三角形，作圆形者不多见。“卩”上部多作倒三角形，末笔多向左下斜出，或近竖直。如“墟(?)郕之玺”(0204)、“郏目”(2064)、“新邦官玺”(0143)、“邙(弋)昜(阳)君玺”(0002)、“郢闕(县)愧大夫玺”(0183)、“下蔡宦(馆)大夫”(0097)、“郢粟客玺”(5549)、“郢鄞(戠—职)迵(通)敷(捕)”(0335)。

邑旁居右、居下者不多见。如“邾异”(1584)、“邾佗”(1585)、“邾偳”(1586)、“郰遊达玺”(0263)。

【参考文献】

吴振武:《〈古玺文编〉校订》,吉林大学博士学位论文,1984 年;又《〈古玺文编〉校订》,人民美术出版社,2011 年,137—138 页。

汤馀惠:《略论战国文字形体研究中的几个问题》,《古文字研究》第十五辑,中华书局,1986 年,9—100 页。

曹锦炎:《古玺通论》,上海书画出版社,1996 年,85 页。

何琳仪:《战国古文字典》,中华书局,1998 年,583 页。

汤馀惠:《战国文字编》,福建人民出版社,2001 年,784 页。

萧　毅:《古玺文字研究》,中山大学博士学位论文,2002 年,9 页,15 页。

王　辉:《古文字通假字典》,中华书局,2008 年,111 页。

田　炜:《古玺探研》,中山大学博士学位论文,2008 年。又《古玺探研》,华东师范大学出版社,2010 年,142—145 页。

刘建峰:《战国玺印文字构型分域研究》,山东大学博士学位论文,2012 年,97—99 页。

赵平安:《“京”、“亭”考辨》,《复旦学报》(社会科学版)2013 年 4 期,87—169 页。

31. 夜绾[1]

【图版】

【释文】

夜[2]绾[3]

【著录】

《鸭雄绿斋藏中国古玺印精选》034

【注释】

[1] 三晋玺。印面 14.2 mm×14.2 mm，全高 12.8 mm。现藏于鸭雄绿斋。

[2] 夜，姓氏。《古今姓氏书辩证》卷三十三：“夜，汉灵帝光和中，雒阳男子夜龙以弓箭射北阙。《风俗通》曰：夜，姓也。龙有从兄阳。”《姓觿》卷八：“夜，《姓考》云：周叔夜之后。《后汉书》有夜龙。”

[3] 绾，人名。三晋文字中从官的字常省从𠂤。

【延展阅读】

古文字中的“夜”，或从亦，或从亦省，如包山 113 号简、师望鼎（《殷周金文集成》02812)、师酉簋(《殷周金文集成》04291)。

战国时期,经常可以看到从卜的“夜”,如元年郛令戈(《殷周金文集成》11360)、“夜眠”(2946)、“恔安”(2673)等。

这个“卜”应该是腋下的点与从躯干上剥离下来的竖笔组成的,这种变化可以称作笔画剥离,即 A 构件离开 B 构件时带走 B 构件的部分笔画,而 B 构件的形体并未发生改变。可以说是与借用简化相反的一种变化,少见。

再来看几个笔画剥离的例子。

“异”,本来从两手,在楚文字中两手常连在一起,如包山 52 号简。“若”字有类似的变化,如包山 155 号简。

有时候“田”下面的弧笔从“田”剥离,与两手组成“四”形部件,如包山 114 号简。

“员”的下部与变化后“异”的下部类似,如上博用曰 14 号简的“员”、新蔡乙三 47 号简“损”。

"异""员"的这种变化可能是相互影响的结果。

楚简文字"绢",常见的形体右边从占从肉,如望山 2-21 号简。

"占"下面的弧笔有时候剥离成两笔,一在上,保持"占"形不变;一在下,与"肉"组合,如包山 271 号简、277 号简。

楚文字中的"今",两短横的左边常加竖笔,作"⺊"形,也可以看作是从"="到"匕"再到"⺊"的变化,如九店 56 号墓 43 号简。

有时候两短横右边的竖笔剥离,与"⺊"组合成与"凡"相似的形体,如天星观简(《楚系简帛文字编》90 页)。

【参考文献】

魏宜辉:《楚系简帛文字形体讹变分析》,南京大学博士学位论文,2003 年,56—57 页。

萧　毅:《楚简文字研究》,武汉大学出版社,2010 年,71—74 页。

32. 弗祆[1]

【图版】

【释文】

弗[2]祆[3]

【著录】

3126;《故宫博物院藏古玺印选》145

【注释】

[1] 三晋玺。现藏于故宫博物院。

[2] 弗,姓。《史记·夏本纪》:“太史公曰:禹为姒姓,其后分封,用国为姓,故有夏后氏、有扈氏、有男氏、斟寻氏、彤城氏、褒氏、费氏、杞氏、缯氏、辛氏、冥氏、斟戈氏。”《索隐》云《世本》费作弗。《正字通·弓部》:“弗,姓。”《万姓统谱·勿韵》:“弗,汉弗吞(毅按:或为譬误),见《印薮》。”汉印中还有“弗成”“弗福私印”等(见《汉印文字征》12.16)。后魏黠弗氏、铁弗氏、燕弗氏皆改为弗氏(见《魏书·官氏志》)。

[3] 祆,人名。所从的“衣”下部为“U”形,为三晋文字特有写法。

【延展阅读】

古文字中有一种变化叫同化，也叫类化，是指文字在形体变化过程中受到某些因素的影响，不同的形体结构在某些时候写得相同或相似。同化可以认为是与异化相反的变化，同化是不同构件写得相同或相似的变化，异化是同一构件写得不一样的变化。异化的同时不一定存在同化现象，但同化的同时一定存在异化现象，这是因为要把不同形体结构写得相同或相似，必然有某些形体结构会发生变异。

同化大体可以分为两大类：一类是受到文字形体内部其他部件影响的同化，为字内同化；一类是受到其他文字形体影响的同化，为字外同化。这两类同化在古文字"弗"的形体变化中都可以看到。

"弗"，本来的形体应该是如包山 156 号简这样的。

侯马盟书有个"弗"字作

右边与"弟""戈"等相似，应该是受到了"弟""戈"等的影响。这种变化属于字外同化。

古玺中有个"弗"(2126)，左侧笔画受右侧的影响，类化成相同的形态。

3126 中的"弗"，笔画左右对称。这两种形体的变化都属于字内同化。

在典籍中，许多字受上下文的影响，增加或改变偏旁。如：

《诗·豳风·鸱鸮》"彻彼桑土"，韩诗又作"彻彼桑杜"；

《诗·小雅·皇皇者华》"周爰咨诹",《释文》谓咨本亦作谘;

《诗·鲁讼·駉》"有骝有雒",《释文》雒又作骆;

《诗·周南·葛覃》"是刈是濩",《释文》刈又作艾。

在后世的一些双音节词中,常常通过增加或改变偏旁来造出分化字,这些也属于同化。比如古代传说中的一种名马叫"绿耳",后来把"绿"字的糸旁改为马旁,写作"騄耳",最后又在"耳"字上加马旁,写作"騄駬"。类似的例子很多,如:

蒲陶——蒲萄——葡萄

流黄——硫黄——硫磺

马脑——马瑙——玛瑙

【参考文献】

裘锡圭:《文字学概要》,商务印书馆,1988 年,234—235 页。

刘　钊:《古文字构形研究》,吉林大学博士学位论文,1991 年。

魏宜辉:《楚系简帛文字形体讹变分析》,南京大学博士学位论文,2003 年,83 页。

萧　毅:《楚简文字研究》,武汉大学出版社,2010 年,107—136 页。

33. 焦紻信玺[1]

【图版】

【释文】

鄗(焦)[2]紻[3]身(信)[4]玺

【著录】

5680;《浙江省博物馆典藏大系·方寸乾坤》51页

【注释】

[1] 三晋玺。边长 1.1 cm,通高 1.1 cm。现藏于浙江省博物馆。

[2] 鄗,读为焦,古玺姓氏字常增邑旁。《通志·氏族略·以国为氏》:"焦氏,《史记》周武王封神农之后于焦,今陕州东北百步焦城是也。《左传》曰虞、虢、焦、滑,皆姬姓也,为晋所灭。子孙以国为氏。汉有外黄令焦贲贡,后汉有焦俭,《魏志》有河东焦先,《吴志》有会稽焦征羌。"

[3] 紻,《说文解字·糸部》:"紻,缨卷也。从糸央声。"

[4] 身,读为信。

【延展阅读】

三晋姓名私玺多无自名，如“孙雩人”(1550)、“王五鹿”(0458)、“司马参”(3773)。

姓名后带自名的相对较少。

或称“玺”，如“公孙犀玺”(3927)、“马商扁玺”(4082)、“范脊尔(玺)”(《北京印学》第二辑 31 页)。

或在“玺”前加“之”字，如“王氏之玺”(0568)。

或称“厶(私)玺”，如“史义厶(私)玺”(《北京印学》第二辑 34 页)、“孙厶(私)玺”(1553)、“鲁子厶(私)玺”(《铁斋藏古玺印》38 页)。

或称“身(信)玺”、“千(信)玺”,如“鄛(焦)鞅身(信)玺”(5680)、“上肙千(信)玺”(《中国书法》2012 年 11 期 59 页)。

或称“曲玺”,如“范弗曲尔(玺)”(3417)。

或称“句”,如“肖(赵)寡夫句”(1068)。

或称“厶(私)千(信)”,如“番厶(私)千(信)”(1658)、“石厶(私)千(信)”(5667)。

还有些单字加自名的,性质难定,如“巳玺”(3340)。

另一类无姓名的私玺则较为常见,或称“玺”,如 5234、5227、5252。

或称“私玺”，如4591、4599、4619。

或称“曲玺”，如4584、4594、4607。

【参考文献】

吴振武：《谈战国货币铭文中的“曲”字》，《中国钱币》1993年2期，16—21页。

何琳仪：《战国古文字典》，中华书局，1998年，348页。

萧 毅：《古玺文字研究》，中山大学博士学位论文，2002年。

肖晓晖：《古玺文新鉴》，世界图书出版公司，2005年，22—24页。

吴砚君：《三晋古玺杂说》，《北京印学》第二辑，2010年，22—37页。

34. 藿闭智[1]

【图版】

【释文】

藿[2]閟(闭)智[3]

【著录】

《珍秦斋藏印·战国篇》39

【注释】

[1] 三晋玺。边长 12.5 mm,现藏于珍秦斋。

[2] 藿,读为“霍”,姓氏。《广韵·铎韵》:“霍,姓,武王弟霍叔之后。”

[3] 閟,读为“闭”。闭,古音质部帮纽,比,古音脂部帮纽,音近。智,所从的矢讹为“立”。“闭智”当与《老子》“绝智”义近,今本《老子》“绝圣弃智”,郭店老子甲本作“绝智弃辩”。

【延展阅读】

1. 隹

战国文字中,“隹”有较强的地域性。

燕文字“隹”,笔画比较平直,头部的竖笔或省略,或与身体部位右边一竖连成一笔。中竖下部或有饰笔。如“[罒名]脽”(4128)、“踓晨”(3188)、“公孙隹”(3846)、“左宫巨隹”(《古陶文汇编》4.45)。

齐文字“隹”,头部多近圆圈,左竖常与底横连在一起作折笔或弧笔,中竖下部或有饰笔,如“麋奔隹玺”(3693)、“王维”(0584)、“公孙隻”(3914)、“王雁(?)”(0580)、“维□京之玺”(0225)。

三晋文字“隹”,下部作“冃”形,横画右侧不出头,他系少见。头部变化较多,或省略。左右竖画上或有饰点。下或从口。如“吴脽”(1165)、“事脽”(1745)、“肖[牜隹]”(0929)、“犊[牜隹]”(3264)、“长脽”(0682)、“藋升”(2266)、“成睢”(1311)。

楚文字“隹”,下面两横常与左侧的竖笔分离,颇有特色。如“维”(5480)、“脽”(5531)、“王[米翟]”(0618)、“滩东旅玺”(《鉴印山房藏古玺印菁华》218 页)。

横画或省为两笔，也颇有特色。如“宋懯”(《湖南古代玺印》38 页)、“郰遳达玺”(0263)、“洎纙”(《赫连泉馆古印存》，又见 2597)。

作其他形体者不多。如“雝璎”(5665)、“訽里偺玺”(0274)。

2. U形饰笔

古文字常在竖笔或“∧”形笔画上端延长后加“U”形笔画成“屮”形。如“皐”，中山王鼎上从自，没有饰笔。

在古玺中常可以看到“自”中上部作“屮”形，如“皐勳(胜)”(3250)、“皐戊”(3253)。

“皐”还有从两个“屮”的形体，如“皐谯”(2250)、“皐游”(2251)。

一般认为从艸，其实就是“皐”的繁化，可以认为是重迭“屮”形，也可以认为是在“自”两侧的竖笔上各加有“U”形饰笔。

“比”也常见上部从艸形的，如“比丙”(3066)、“比狺”(3068)。

侯马盟书有在“屮”“匕”之间加横画的形体。

“雚閸(闭)智”中的“閸”，所从比与此相似，只是在“屮”“匕”之间加有两横。

这种“U”形饰笔有时会影响文字的释读，如本书“22. 郭生让”，其中的“郭”就是因为“U”形饰笔的存在而增加了该字释读的难度。

齐系文字中的“耳”也有类似的饰笔，这种加有“U”形饰笔的“耳”，一般认为从取，其实也是耳旁。参看本书“26. 在迓”。

【参考文献】

汤馀惠:《略论战国文字形体研究中的几个问题》,《古文字研究》第十五辑，中华书局，1986 年，1—100 页。

刘　钊:《玺印文字释丛(一)》,《考古与文物》1990 年 2 期，44—49 页。

何琳仪:《战国古文字典》，中华书局，1998 年，1204 页。

萧　毅:《古玺文字研究》，中山大学博士学位论文，2002 年，13 页。

萧　毅:《楚简文字研究》，武汉大学出版社，2010 年，46—47 页。

35. 鲜于𡨍[1]

【图版】

【释文】

鲜于[2]𡨍[3]

【著录】

4015;《浙江省博物馆典藏大系·方寸乾坤》48 页;《中国玺印篆刻全集·玺印下》一二二

【注释】

[1] 三晋玺。边长 1.4 cm,通高 1.3 cm。现藏于浙江省博物馆。

[2] 鲜,从鱼从千。鲜于,复姓。《通志·氏族略·以邑为氏》:“鲜于氏,子姓。商后周武王封箕子於朝鲜,支子仲食采於于,子孙以鲜于为氏。”参看本书“25. 率吴汲”。

[3] 𡨍,人名。从宀从鱼,义待考。

【延展阅读】

三晋古玺中，“鲜于”的“鲜”字较为常见的写法，是从鱼从千，如“鲜于夭”(4016)、“鲜于直”(4017)、“鲜于饴”(4018)。

或作“鲜吁”，如“鲜吁瘍”(4019)。

此外，“鲜”字还有以“廜”“鱻”为之者，如“廜于巡”(4022)、“鱻邘全”(《梦庵藏印》、《出土文献研究》第三辑 83 页)。

齐玺中也有“鱻于”，如“鱻(从肉)雩(从邑，读为于)睃”(0344)。

秦汉时期印章中一般作“鲜于”，其中“鲜”字从鱼从羊，如“鲜于何”(《伏庐藏印》)、“鲜于富昌·臣富昌”(《故宫博物院藏古玺印选》563)。

也有作“鲜禺”的，如“鲜禺佗”(《十钟山房印举》三・五九)、“鲜禺(于)寿亲”(《国立历史博物馆藏印选辑》48 页)。

有意思的是，汉印中有两面印“鲜禺安国・于安国印”(私人藏印)，说明“鲜于”不仅可以写作“鲜禺”，还可以省作“于”。

【参考文献】

吴振武:《古玺姓氏考(复姓十五篇)》,《出土文献研究》第三辑,中华书局,1998 年,74—88 页。

施谢捷:《古玺汇考》,安徽大学博士学位论文,2006 年,313—314 页。

盛世收藏:2014 年 7 月 5 日,http://bbs.sssc.cn/thread-3450855-1-1.html。

36. 五庆[1]

【图版】

【释文】

五[2]庆[3]

【著录】

《鸭雄绿斋藏中国古玺印精选》013

【注释】

［1］楚玺。全高 11.2 mm，台高 7.9 mm，印面 12.7 mm×12.8 mm。现藏于日本鸭雄绿斋。

［2］五：姓氏。《通志·氏族略四·以名为氏》："伍氏，芈姓。楚大夫伍参之后也。伍子胥奔吴，其子又为王孙氏，适齐。汉有伍被，楚人。望出安定、武陵。又有五氏，本伍氏，避仇改为五。蜀有五梁，晋有始兴太守五裔。"《吕氏春秋·异宝》："五员亡，荆急求之。"《左传·昭公三十年》作"伍员"。伍子胥，《战国策·燕策二》作"五子胥"。

［3］庆：人名。《说文解字·心部》："行贺人也。从心从夊。吉礼以鹿皮为贽，故从鹿省。"段注："贺从贝，故云以以礼相奉庆。从夊，故云行

贺人。从心攵，谓心所喜而行也。”

【延展阅读】

1. 五

战国时期，楚文字中的“五”有一种较为特别的写法，中间交叉的笔画作“”形。

古玺如“五渚正玺”(0343)、“五昜”(3084)、“五豫”(3540)、“五嘉”(5648、《浙江省博物馆典藏大系·方寸乾坤》24 页)。

金文如鄂君启节。

简帛如“五”(新蔡乙四 36)、“五”(包山 173，有意思的是，此人名也叫“五庆”)。

这种写法在马王堆帛书里面还有遗留，如“五”(阴阳五行甲篇一九六)、“吾”(老子甲本一一四)。

2. 庆

原整理者的隶定是从荽从蚰的，这个字中部显然不是女旁，而是楚文字中的心旁，原释文不可信。

如果不考虑这个字下部所谓的“蚰”，可以发现它与楚简中简体的“庆”是一样的，如“庆”(包山 137 反)。

楚简文字中的“庆”从廌从心，其中“廌”的尾部常写得跟虫旁一样作“个”形，如“庆”(包山 179)。

楚文字中从虫的字常从二“虫”，如“强”(《童雪鸿藏印》)、“蛙”(包山 81)。

也可以看作是偏旁重叠。如果把“廌”尾部的“个”形作为“虫”来看待，就很容易重叠，这样我们就可以看到玺文中从两个“个”的形体。也就是说，玺文最初的形体应该是只有一个“个”形的，可能受到楚简文字中从虫常变为从蚰的影响，变成两条尾巴了。

文字在形体变化过程中受到某些因素的影响，不同的形体结构在某些时候写得相同或相似，这种变化就是前面提及的同化，也叫类化。这种变化有时容易引起人们的误解，因为人们很容易把变化后的形体跟最常见的形体(变化)联系在一起。比如这方古玺中的“庆”，人们首先想到的自然会是常见的“蚰”，而不会想到那是两条尾巴。

楚简中的“惠”字也有类似的变化。

新蔡楚简甲一 21“惠”字。

在新蔡楚简甲三 213 中，上面变为“艸”形。

如果不熟悉字形的变化，当人们看到这个字时，首先想到的会是从艸的“蕙”，而不是“惠”。这种形体在晚些的文字中也可以看到，马王堆简牍中有从艸作的“惠”，如马王堆 1－158、马王堆 1 牌。

【参考文献】

肖晓晖：《古玺文新鉴》，世界图书出版公司，2005 年，113 页。

伊　强：《谈〈长沙马王堆二、三号汉墓〉遣策释文和注释中存在的问题》，北京大学硕士学位论文，2005 年，15—16 页。

伊　强：《马王堆三号汉墓遣策文字考释》，《出土文献与古文字研究》第一辑，复旦大学出版社，2006 年，342—347 页。

37. 善何[1]

【图版】

【释文】

善[2]何[3]

【著录】

2985;《故宫博物院藏文物珍品大系·玺印》47;《故宫博物院藏古玺印选》89

【注释】

[1] 楚私玺。通高 1.0 cm,边长 1.3 cm,玉质。现藏于北京故宫博物院。

[2] 善,姓氏,《正字通·口部》:“善,姓。唐五代善友,宋善辰,明善养。”古有善卷,传为尧的老师,《慎子》《庄子》《吕氏春秋》《淮南子》等书有记载。善字小篆从誩,《说文解字·誩部》:“譱,吉也。从誩从羊。此与义

美同意。”

［3］何，人名。

【延展阅读】

古玺中人物钮较为少见，主要见于私玺、成语玺、单字玺。

私玺，如“方山”（5300、《古玺印考略》99）。

成语玺，如“生生”（《盛世玺印录》139）、“又生厶”（《中国古铜印の美》10）。

单字玺，如“上”（《珍秦斋藏印·战国篇》244）、“甘”（《天津市艺术博物馆藏古玺印选》38 页）。

"士玺"(《珍秦斋藏印·战国篇》21)或认为是官印性质,或认为是私印性质。

【参考文献】

肖晓晖:《古玺文新鉴》,世界图书出版公司,2005 年,62—63 页。

施谢捷:《古玺双名杂考(十则)》,《中国古文字研究》第一辑,吉林大学出版社,1999 年,122—132 页。

38. 祝辻[1]

【图版】

【释文】

祝[2]辻(赴)[3]

【著录】

《上海博物馆中国历代玺印馆》3 页;《中国玺印篆刻全集·玺印下》一六五;上海博物馆官网

【注释】

[1] 楚私玺。纵 1.4 cm,横 1.4 cm。现藏于上海博物馆。

[2] 祝,姓氏。《通志·氏族略二·以国为氏》:"祝氏,己姓。黄帝之后。周武王封黄帝之裔于祝,祝阿、祝邱是其地,祝因氏焉。郑有祝聃,卫有祝蛇、祝龟。或云祝史之后,以官为氏。又有叱卢氏,改为祝氏。"

[3] 辻,从辵从卜,人名。或作"赴",包山 265 号简和望山二号墓 54 号简中的"辻缶",中子鬓缶(《江汉考古》1985 年 3 期 61 页)作"赴缶"。有

学者读为“沐缶”。此字旧释“迅”，误。

【延展阅读】

古时腰带有两种，一种叫绅，一种叫鞶。绅是丝织品，可以打结。鞶就是皮带，皮带卡就是带钩。

带钩，古时又叫“犀毗”“师比”等。《汉书·匈奴传》“黄金犀毗一”，孟康注：“要中大带也。”张宴注：“鲜卑郭落带，瑞兽名也，东胡好服之。”颜师古注：“犀毗，胡带之钩也，亦曰鲜卑，亦谓师比，总一物也，语有轻重耳。”

古文献中齐桓公和管仲的故事，其中就有关于带钩的记载。

《吕氏春秋·贵卒》：“既而国杀无知，未有君，公子纠与公子小白皆归，俱至，争先入公家。管仲扞弓射公子小白，中钩。鲍叔御，公子小白僵。管子以为小白死，告公子纠曰：‘安之，公子小白已死矣！’鲍叔因疾驱先入，故公子小白得以为君。”

《史记·齐太公世家》：“鲁闻无知死，亦发兵送公子纠，而使管仲别将兵遮莒道，射中小白带钩。小白详死，管仲使人驰报鲁。鲁送纠者行益迟，六日至齐，则小白已入，高傒立之，是为桓公。”

齐桓公装死躲过了这场灾难，后成为齐国的国君，他知道管仲有才能，不记前仇，重用管仲，成就霸业。

带钩主要由钩首、钩身和钩纽三部分组成。有些带钩，纽部为印章，这种带钩也叫带钩印。其中有些既作带钩又作印章用，有些则仅仅是作印章用。

战国时期带钩印多为私玺、成语玺和单字玺。

私玺，如晋玺“枯成□”（《盛世玺印录》136）、楚玺“偒（夙）邦”（2554、《古玺印考略》92页）。

成语玺，如晋玺“慎终”(《天津市艺术博物馆藏古玺印选》33 页)。

单字玺，如晋玺“共”(《珍秦斋藏印·战国篇》243)。

文字加肖形，如“士”(《故宫博物院藏肖形印选》一六)、“士”(《湖南古代玺印》16 页)、“王”(《湖南古代玺印》44 页)、“王”(《湖南古代玺印》44 页)。

【参考文献】

陈千万:《〈中子宾缶〉初探》,《江汉考古》1985 年 3 期,56—61 页。

朱启新:《文物物语》,中华书局,2006 年,103—104 页。

广濑熏雄:《释“卜缶”》,《古文字研究》第二十八辑,中华书局,2010 年,504—509 页。

39. 区相夫玺·敬[1]

【图版】

【释文】

区[2]相夫[3]玺·敬[4]

【著录】

0239;《湖南古代玺印》36 页;《湖南省博物馆藏古玺印集》9;《中国玺印篆刻全集·玺印上》七二

【注释】

[1] 楚玺。11.5 mm×11.5 mm×32 mm。现藏于湖南省博物馆。

[2] 区,姓氏,古有两读。《广韵·虞韵》:“区,姓,后汉末有长沙区星。”又《广韵·侯韵》:“区,姓也,古善剑区冶子之后,今郴州有之。”《万姓统谱·侯韵》:“区,欧冶氏之后,转为区氏。望出渤海。”

[3] 相夫，先秦两汉常见人名。“相”有辅助的意思，《易·泰》：“辅相天地之宜。”孔颖达疏：“相，助也。”《广韵·漾韵》：“相，扶也。”《集韵·漾韵》：“相，助也。”汉印有“李相夫印·臣相夫”（《玺印集林》224 页）、“任相夫印”（《双虞壶斋印存》69 页）、“吕相夫·功子”（私人藏印）等。

[4] 敬，成语。《说文解字·攴部》：“敬，肃也。从攴苟。”敬有恭敬、慎重、尊敬、崇奉等义，参看本书“成语玺选读”。

【延展阅读】

楚四字玺读序，最为常见的是$^{31}_{42}$，如“述（遂）保之玺”（《珍秦斋藏印·战国篇》2）、“尃室之玺”（0228）、“周惑信玺”（3710）、“周易信玺”（5679）。

其次是$^{13}_{24}$，这种形式主要见于楚玺，虽然不多，但也不算少见。如“新邦官玺”（0143）、“乔戚之玺”（0163）、“勿正关玺”（0295）。

“行录之玺”（0214）虽然看起来好像是这种形式，但是玺文反书，所以读序应该归在$^{31}_{42}$类。与此相反，“行士之玺”（0166）、“戠□之玺”（《蔼蔼庄藏古玺印》）应该归在$^{13}_{24}$类。

第三种形式是$^{21}_{43}$，较为少见，如“司寇之鉨”（0065）、“新舒之玺”（0218）、“□成之鉨”（0219）。

《文物》2002 年 1 期 93 页著录下列一方楚玺：

可惜左上角一字不识，据楚文字中常见“某嚣”如“莫嚣”“连嚣”等判断，此玺读序很可能是“□嚣（敖）之玺”。如果释读不误，则此玺为古玺中极为少见的回文印。

【参考文献】

施谢捷：《古玺印考释五篇》，《印林》1995 年第 16 卷第 2 期，22—34 页。

辛礼学：《安徽省蚌埠市博物馆藏文物选介》，《文物》2002 年 1 期，91—93 页。

肖晓晖：《古玺文新鉴》，世界图书出版公司，2005 年，121—127 页。

40. 公孙昌[1]

【图版】

【释文】

公孙[2]昌[3]

【著录】

《珍秦斋藏印・战国篇》29

【注释】

[1] 楚玺。1.35 cm×1.35 cm×0.9 cm。现藏于珍秦斋。

[2] 公孙:复姓。参看本书“21. 公孙郾”。

[3] 昌:人名,先秦习见。《说文解字・日部》:“昌,美言也,从日从曰。一曰日光也。《诗》曰:东方昌矣。”

【延展阅读】

1. 重框

较为常见的是双框,或为双方框,或为双圆框,或外圆内方,或外方内圆。

官玺双框极为少见。如楚玺“中述(遂)之玺”(《鉴印山房藏古玺印菁华》218 页、《古玺汇考》176 页)。

其他性质的玺印,双方框主要见于楚、齐,晋玺不多,燕玺少见。

楚玺多为白文,朱文少见,如“砦(戴)唬”(3487)、“□训”(2236)、“卲侉”(2552)、“偄(夙)青”(2553)、“锴”(5488)、“敨”(5042)、“中信”(4510)、“敨”(5034)。

齐玺多为白文,如“王楚”(0571)、“王貼”(0585)、“陈仕”(1463)、“邾□信玺”(1589)。

三晋玺多为朱文,如“郛(采)陞”(1912)、“敬事”(4148)、“慎事”(4292)、“尔”(5227)。

燕玺如“昌”(4991)。

楚玺、齐玺中有些双方框还加有竖格。

楚玺如“洎(涫)緟”(《赫连泉馆古印存》,又见 2597)、“涚(浒)郢”(2598)、“□鞎”(3531)。

齐玺如“王刍”(0570)、“陈□”(1462)、“臧孙邦”(3936)。

双圆框似只见于晋玺,如“长昌”(0761,原书将此玺印反)、“尔”(5236)。

外圆内方,三晋玺中较为常见,齐玺、楚玺也不少,燕玺略少。

三晋玺皆为朱文,如“郾堂”(1977)、“文是梁”(2919)、“床庆”(3277)、“共”(5138)、“耶”(5418)。

方圆之间或加有饰点，如“王章”(0490)、“长赈”(0764)、“藿旦”(2275)、“何复”(2547)、“阳生”(2311)、“乘马章”(4008)、“马是痓”(4078)、“邯佗”(2145)。

齐玺白文如“王齐”(0608)、“郐昉”(1951)、“誙事得志”(4889、《古玉印集存》51)等，其中0608方圆之间有饰点，1951方圆皆在交接处断开。

齐玺朱文如“陈吉”(1457)、“□□□玺”(3479)等，方圆之间有饰点。

楚玺多为白文，如“周易”(1197)、“儯(夙)邦”(2554)、“夏悏”(3643)。

朱文少见，如“尹□”(1298)、“计坪”(2534)。

燕玺多为朱文，如“郭罚”(2826)、“□□·千秋”(3466)、“公孙马”(3893)，其中3893方圆之间还加有饰点。

外方内圆不多见。

晋玺如“尔”(5241)、“尔”(5233)。

楚玺“贵信”(《录堂摹辑古玺印》)较为特别，方圆两框间有底纹。

此外，燕玺“王生痽”(0475)，外为方框，内框近似八边形。

三晋玺有外五角内圆者，少见，如“又”(《录堂摹辑古玺印》)。

心形也有双框者，如“昔”(《中国玺印集粹》297)。

有些古玺有三重框，极为少见。如“大”(《中国玺印集粹》274)。

2. 文字十肖形

文字和肖形配在一起的古玺主要见于楚玺。如楚玺“陈□”(《故宫博物院藏肖形印选》46 页)、“苛训”(5651)、“芋(華)目”(《鸭雄绿斋藏中国古玺印精选》398)、“備玺”(2562、《故宫博物院藏肖形印选》45 页)。

有些文字和肖形结合较为紧密的，如“蔡□□”(2190)，文字写在动物身体部位。

三晋玺中偶尔可以看到文字和肖形搭配，如“私玺”(4603、《故宫博物院藏肖形印选》47 页)。

有些单字和肖形搭配的古玺系别难以确定，如“生”(《珍秦斋藏印·战国篇》250)。

秦汉时期“文字＋肖形”这种形式较为常见。

秦印如“遗·仁”(《故宫博物院藏古玺印选》422、《故宫博物院藏肖形印选》194)、“仁”(《盛世玺印录》247)。

汉印中，较为常见的是四灵。如“徐成舒·徐仁”(《故宫博物院藏古玺印选》520)、“赵多”(《故宫博物院藏古玺印选》522)。

或三，如汉印“乘马安世”(《古图形印汇》206页)。

或二，如汉印“桥勇强·日”(《盛世玺印录》388)、“冯盖邑·日”(《盛世玺印录》393)。

或一，如“□弘之印”(《故宫博物院藏古玺印选》521)、“魏倚闾”(《盛

世玺印录》303)、“闵喜”(《故宫博物院藏古玺印选》523)。

天津市艺术博物馆藏一两面印“子游·少卿”(《中国玺印篆刻全集·玺印下》一二〇四、《天津市艺术博物馆藏古玺印选》111 页),一面饰四灵,一面饰虎。

41. 长生[1]

【图版】

【释文】

长生[2]

【著录】

《苏州博物馆藏玺印》40

【注释】

[1] 燕玺。长 1.2 cm、宽 1.2 cm、高 1.4 cm。现藏于苏州博物馆。

[2] 长生，生命长久。《老子》："天地所以能长且久者，以其不自生，故能长生。"又："有国之母，可以长久，是谓深根固柢，长生久视之道。"《庄子·在宥》："无劳汝形，无摇汝精，乃可以长生。""长生"也见于古玺 4404、4408 等。

【延展阅读】

1. 尾饰

古文字中一种尾形饰笔，战国时期的燕、齐、晋、楚均可见。

燕系文字，在向右下斜出的笔画上缀短饰，其中作“┘”形者为燕特有。如“长”（0693）、“张”（2830）、“魄”（3671）、“頊”（1234）、“夏”（0015）等。

齐系文字，多在斜画或横画的末端加短饰，如“佫”（0328）、“路”（0148）、“匋”（0272）、“旂”（3753）、“徙”（0198）等。

三晋文字，在向右下斜出的笔画上缀短饰，如“譊”(0821)、“暨”(《陕西新出土古代玺印》539)等，较为少见。

楚文字，主要见于夂旁，饰笔多与捺笔交叉，如“客”(5548)以及“腹”(包山 242)、“后”(包山 4)等字。

2. 长寿

古玺印中祈求健康长寿的较为常见。

古玺中有“百年”，如 4700、《吉林大学藏古玺印选》76、《珍秦斋藏印·战国篇》200 等。

“千岁”(4426)。

“福寿”(《中国历代玺印艺术》84)。

“善寿”(《吉林大学藏古玺印选》77)。

秦印中常见“万岁”,如4493、《鉴印山房藏古玺印菁华》161。

汉印中也有“长生”,如“长生不老”(《中国玺印篆刻全集·玺印下》一〇四五、《天津市艺术博物馆藏古玺印选》106页)、“长生大富”(《十钟山房印举》二十九·三十三)。

汉印中还有“延年”,如《十钟山房印举》二十九·三十一、《陕西新出土古代玺印》1771。

“万年”(《古玉印集存》173)、“长寿万年”(《古玉印集存》205)。

“万岁”(《十钟山房印举》二十九·二十五)、“万岁无极”(《古玉印集存》174)。

“延寿·常富”(《十钟山房印举》二十九·二十五)、“永寿康宁”(《古玉印集存》206)。

“寿”(《中国古铜印の美》143)。

【参考文献】

汤馀惠:《略论战国文字形体研究中的几个问题》,《古文字研究》第十五辑,中华书局,1986 年,9—100 页。

陈光田:《战国秦汉吉语格言玺集释》,吉林大学硕士学位论文,1999 年,6 页。

萧　毅:《古玺文字研究》,中山大学博士学位论文,2002 年,10—11 页。

叶其峰:《古玺印通论》,紫禁城出版社,2003 年,66 页。

42. 长内[1]

【图版】

【释文】

长内[2]

【著录】

《吉林大学藏古玺印选》29

【注释】

[1] 燕玺。现藏于吉林大学。

[2] 内，读为“入”。《说文解字》“内”“入”互训。《说文解字·入部》：“入，内也。象从上俱下也。凡入之属皆从入。”又：“内，入也。从门入，自外而入也。”长内，当为古人祈求福运进门之语。

【延展阅读】

1. 长内

相同内容的燕玺，正书的如0698，反书的如0697、0699。

汉印中类似的成语印，较为常见的是祈求财富。

用“内”字的，如“日内千斤”（《印典》2810 页）、“日内千万”（《十钟山房印举》二十九·三十三）、“宜官内财”（《故宫博物院藏古玺印选》586）、两面印“鳿幸·日内千金”（《湖南省博物馆藏古玺印集》480、《湖南古代玺印》79 页）。

用“入”字的，如“日入千万”（《十钟山房印举》二十九·一、三十三）、两面印“王曼将·日入千金”（《十钟山房印举》二十九·一）、“张门·日入千石”（《十钟山房印举》十四·三十九）。

“日入千万”常和肖形结合，如《古玺印考略》162 页、《十钟山房印举》

二十九·三十三。

两面印“日入千万十肖形·肖形”，如《大风堂古印举》59、《珍秦斋藏印·汉魏晋唐宋元篇》170 页。

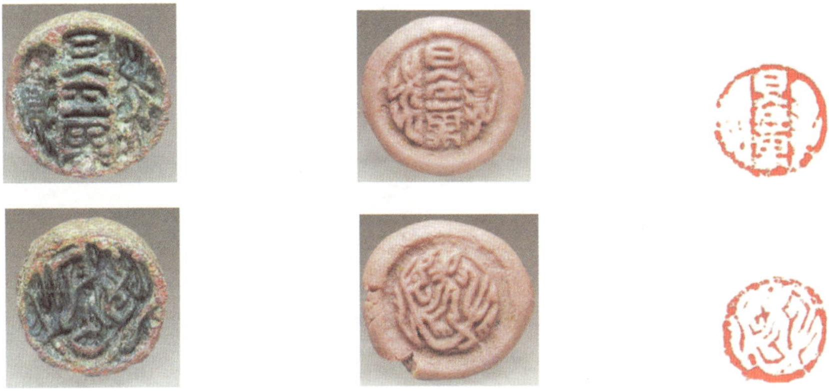

《十钟山房印举》二十二·四十五著录一方两面印，其中一面以“日内千金”为饰。

“千万”有时合书，如“日入千万”(《录堂摹辑古玺印》)。

还有简化的形式，如“日入千”，见《珍秦斋藏印·汉魏晋唐宋元篇》173 页、《录堂摹辑古玺印》等。

2. 反书

古玺文字中，官玺玺文整体反书的很少，姓名私玺中整体反书也不多，而成语印中整体反书则较为常见。

古玺印体大多有穿存在，说明古人有佩印的风俗，但有的印章却是佩而不钤的，这就是为什么有许多反书印存在的一个很重要的原因。据有关文献记载，有些玺印主要是用于佩带。有的为了表明身份，如苏秦佩六国相印，张仪佩五国相印。有的带有宗教迷信色彩，如《抱朴子·登陟》：“古之人入山者，皆佩黄神越章之印，其广四寸，其字一百二十，以封泥着所住之四方各百步，则虎狼不敢近其内也。若有山川社庙血食恶神能作祸福者，以印封泥，断其道路，则不复能神矣。”凡佩印，其印面文字一般为正文，钤印出来却是反文。古代官玺虽然也用于佩带，但其功用却是以钤印为主，故反书少；而成语印主要是用于佩带而非钤印，故反书多。

整体反书的官玺很少，且多为楚玺。如楚玺“行𡨦之玺”(0214)、“坪(平)阿”(0317)、“倅𢊁(府)”(0337)，三晋玺“紎梁(?)公玺”(5558)、“上东门尔(玺)”(0169)。

反书的姓名私玺，如楚玺“黄惑”(1255)、三晋玺“郭迪”(2456)。

反书的成语印，如“上士之又”(《中国历代玺印艺术》87)、“正行亡曲”(《盛世玺印录》141)。

有些反书玺印的性质值得注意。

《古玺汇编》将0697、0698、0699这三方“长内”归在“姓名私玺”类，这三方玺印加上吉林大学所藏的这枚，两正两反，应该是成语玺。

《古玺汇编》“姓名私玺”类的玺印，有些反书可确定是成语玺，如燕玺“忠身(信)”(3463)、楚玺“忠信”(2557)。

有些则可能是成语玺，如“长同”(0674)、“长青”(0721)、“长又”(《中国玺印类编》230页)。

【参考文献】

萧　毅：《“麋亡”印释》，《中国文字》新廿六期，艺文印书馆，2000年，177—181页。

萧　毅：《古玺文字研究》，中山大学博士学位论文，2002年，90页。

田　炜：《古玺探研》，中山大学博士学位论文，2008年。又《古玺探研》，华东师范大学出版社，2010年，39—41页。

43. 吉昌内[1]

【图版】

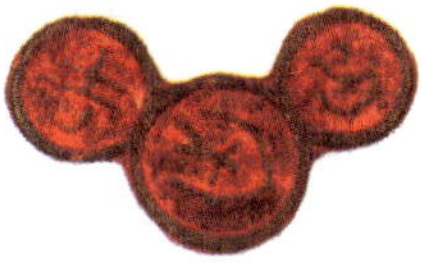

【释文】

吉昌内[2]

【著录】

4761;《故宫博物院藏文物珍品大系·玺印》86

【注释】

[1] 燕玺。通高 0.7 cm,面宽 2.3 cm。现藏于故宫博物院。

[2] 内,读为“入”。吉昌内,意思是吉利、昌盛进入自己的家门。类似的燕成语玺还有“大吉昌内”(4866)等。

【延展阅读】

1. 昌

古玺文字中,“昌”有较强的地域性。

燕玺中的“昌”,上面一般作倒三角形或近似三角状,“日”的中间和

“口”的中间一般有一悬点，如“琞昌”(4126)、“昌”(4994)、“昌”(4990)、“昌”(4986)。

悬点或有省略，如“大吉昌内”(《甘露堂藏战国箴言玺》032)、“昌”(4993)。

齐玺文字中的“昌”，移“日”形于“口”中，如“昌”(5390)。

三晋玺中的“昌”，一般上从日，下从甘。“日”的中间和“甘”的中间一般为长横，与左右竖画相连，如“高昌”(1109)、“富昌韩君”(0006)。

楚玺文字中，“昌”上部从口，下部从甘，如“安昌里玺”(0178、《中国玺印篆刻全集·玺印上》八四)、“蔡昌”(2189)、“昌”(4998)。

2. 三联印

古玺中有不少三联印，多为成语印。

从形式上看，有些是三个印面连在一起，除“吉昌内”是三个圆外，还有其他一些形式。

三个三角形，如“千百万”(4735)。

三个方形，如“上又生”(《甘露堂藏战国箴言玺》195)。

底部近三角，上面两个圆，如“士君子”(4733)。

似三朵花瓣的，如“大吉昌”(4738)。

有些三联印三个印面是分开的。

三个圆形，如“敬公正”(4759)、“士大夫玺”(《录堂摹辑古玺印》)、“生尔・厶”(《盛世玺印录》142)。

三个方形，如“□□□”(《珍秦斋藏印・战国篇》196)。

三个扇形，如“入尔・厶”(《苏州博物馆藏玺印》108)。

两个圆一个三角，如“□上文”(《珍秦斋藏印・战国篇》193)。

方、圆、三角组合，如“尚生尔”(《鸭雄绿斋藏中国古玺印精选》084)、“又生・厶”(《中国古铜印の美》10)、“上生尔”(4755)、“又士尔”(4756)。

汉印中偶尔也可以见到三联印，如“李长皃”(《中国玺印篆刻全集·玺印下》六一八、《故宫博物院藏古玺印选》542、《古玺印考略》152页)、“魏季君”(《中国玺印篆刻全集·玺印下》六一七、《古玺印考略》152页)。

【参考文献】

何琳仪:《战国古文字典》，中华书局，1998年，653—654页。

萧　毅:《古玺文字研究》，中山大学博士学位论文，2002年，21页。

44. 明上[1]

【图版】

【释文】

明上[2]

【著录】

4399

【注释】

[1] 燕玺。

[2] 明上，或为“使上明察”之意。《韩非子·六反》：“挫贼遏奸，明上之民也，而世少之曰谄谗之民也。”《晏子春秋·内篇杂下第二十八》：“婴闻古之事君者，称身而食；德厚而受禄，德薄则辞禄。德厚受禄，所以明上也；德薄辞禄，可〈所〉以洁下也。”或指有明德的君主。《晏子春秋·内篇问下第二十》：“……命之曰狂僻之民，明上之所禁也。”又《问下第二十五》：“有明上，可以为下；遭乱世，不可以治乱。”《礼记·祭统》：“明君在上，则诸臣服从。”

【延展阅读】

1. 悬点

所谓“悬点”，指封闭笔画中悬空的点（有的作短横）。古玺中的悬点以燕系为多。

有些悬点属文字表意部分，如燕玺4399中“明”上部的悬点。

有些只是饰点，如“寿”(1889)、“起”(3320)、“公”(3897)等字。

有些悬点则仅见于燕玺，与它系有别。这里略举数例。

“明”字，燕玺如“明上”(4392)，晋玺如“明上”(4374)。

“夏”字，燕玺如“夏屋都司徒”(0015)，晋玺如“夏閒”(2723)，楚玺如“夏悏”(3643)。

“良”字，燕玺如“公孙良”(3926)，晋玺如“乐良”(1377)，楚玺如“良𢧢（国）之玺”(0206)。

2. 形制

这种马蹄形的印面形状，多见于单字玺和成语玺中，姓名私玺中不多见。

单字玺，弧形在上的，如“生”(《鸭雄绿斋藏中国古玺印精选》081)、“尔”(5239)。

弧形在下的，如“昌”(《苏州博物馆藏玺印》79)、“和”(5110)、“生”(5170)、“善”(5322)、“尔”(5246)。

成语玺，如“敬事”(《中国玺印篆刻全集·玺印下》二一九)、“中正”(4531)、“宜千金”(4740)、“王慎明此”(5684)、“慎信”(《苏州博物馆藏玺印》99)、“又□尔”(4762)、“又□尔”(5446)。

私玺，如“司马諹”（3811）、“齐质”（1610、《苏州博物馆藏玺印》66）、“方山”（5300、《古玺印考略》99）。

秦汉时期还有这种形状的玺印，如“大富”（《吉林大学藏古玺印选》364）、“日大利”（《西泠艺林》2013 年第五辑 75 页），有意思的是，这两方汉印都是灶形钮。

【参考文献】

叶其峰:《战国成语玺析义》,《故宫博物院院刊》,1983 年 1 期,75—78 页。

王人聪:《战国吉语、箴言玺考释》,《故宫博物院院刊》1997 年 4 期,50—55 页。

陈光田:《战国秦汉吉语格言玺集释》,吉林大学硕士学位论文,1999 年,13—14 页。

萧　毅:《古玺文字研究》,中山大学博士学位论文,2002 年,9 页,80 页。

叶其峰:《古玺印通论》,紫禁城出版社,2003 年,61 页。

田　炜:《古玺探研》,中山大学博士学位论文,2008 年。又《古玺探研》,华东师范大学出版社,2010 年,233—234 页。

石　峰:《新见秦汉玺印试考》,《西泠艺林》2013 年第五辑,68—75 页。

45. 忠信[1]

【图版】

【释文】

忠身(信)[2]

【著录】

3463

【注释】

[1] 燕玺。

[2] 身,读为“信”。忠信,忠诚守信。《礼记·礼器》:“忠信,礼之本也。”《论语·卫灵公》:“言忠信,行笃敬,虽蛮貊之邦,行矣。言不忠信,行不笃敬,虽州里,行乎哉?”

【延展阅读】

1. 中

燕系文字中,“中”常省略下部笔画,封闭笔画中间或有悬点,颇具地域特色。如“中”(《中国历代货币大系》1.3037)、“中军产(尉)”(5547)、“中军亶车”(0368)。

2. 忠信

成语“忠信”，古玺中较为常见，用字有所不同。

燕玺，如“忠身(信)”(3463)。

齐玺，如“忴(忠)信”(《十钟山房印举》十四・三十一，《十钟山房印举》一・二十一为同一方印)。

三晋玺，如“中(忠)身(信)”(2705)、“中(忠)身(信)”(4639)。

楚玺，如“忠信”(2557)、“忠信”(4504)、“中(忠)信”(4510)。

【参考文献】

裘锡圭:《战国货币考》,《北京大学学报》(哲学社会科学版)1978 年 2 期,69—83 页。

汤馀惠:《略论战国文字形体研究中的几个问题》,《古文字研究》第十五辑,中华书局,1986 年,9—100 页。

李家浩:《从战国“忠信”印谈古文字中的异读现象》,《北京大学学报》(哲社版)1987 年 2 期,9—19 页。

曹锦炎:《古玺通论》,上海书画出版社,1996 年,87 页。

何琳仪:《战国古文字典》,中华书局,1998 年,1136 页。

陈光田:《战国秦汉吉语格言玺集释》,吉林大学硕士学位论文,1999 年,11—12 页。

46. 麋亡[1]

【图版】

【释文】

麋亡[2]

【著录】

0360;《古玺印考略》93 页

【注释】

[1] 齐玺。现藏于北京故宫博物院。

[2] 麋亡,勉力。古时成语,连绵字“密勿”“蠠没”等的又一种形式。玺文或释为“亡麋”,官玺。

【延展阅读】

一般认为,“密勿”这类联绵字本无定字。孙德宣在其《联绵字浅说》一文中说:“文莫即《尔雅》之‘蠠没’、《说文》之‘忞慔’、《方言》之‘侔莫’、

《毛诗》之‘黾勉’、《韩诗》之‘密勿’、《洛诰》之‘民农’，皆一声之转，强力任事之谓也。”其说甚是。

这个联绵字除孙德宣所提及之字外，尚有“谋面”(《尚书·立政》)、“闵勉”(《汉书·谷永传》)、“文农”(《广雅》卷三)、“薄努”(《方言》卷一)、“罔莫”(《抱朴子·勖学》)、“僶勉”(《晋书·阮籍传》)、“茂明”(《汉书·董仲舒传》)、“俛僶”(白居易《即事诗》)、“晚密”(《韩非子·忠孝》)等等多种写法。下面略举数例，稍加说明。

《诗·邶风·谷风》：“黾勉同心，不宜有怒。”《释文》：“黾，本亦作僶；黾勉，犹勉勉也。”《韩诗》作“密勿同心”，阜阳汉简作“沕没”，《白帖》卷二四引作“黾俛”；《诗·小雅·十月之交》：“黾勉从事，不敢告劳。”《诗·大雅·云汉》：“旱既大甚，黾勉畏去。”陈奂《诗毛氏传疏》：“黾勉，双声连绵字。”敦煌写卷 P. 2011 王仁昫《刊谬补缺切韵》：“僶，僶俛。通俗作僶。”张参《五经文字》卷上：“僶，僶勉之僶。”

《尔雅·释诂》：“蠠没，勉力。”郭璞注：“蠠没，犹黾勉。”邢昺疏：“蠠没犹黾勉者，以其声相近，方俗语有轻重耳。”

《汉书·董仲舒传》：“子大夫其茂明之。”颜注：“茂明，勉也。”朱起凤：“茂明乃黾勉之倒文。”

玺文“麋亡”二字古音皆为明纽，一为脂部，一为阳部。“麋亡”与上举“密勿”等音近义同，为同一联绵字，都有勉力、努力的意思。

这个联绵字，还出现在古文字资料中，如金文中的“蔑曆”、战国时期中山王圆壶的“百每”、古玺“麋亡”以及汉印中的“麋无”。

“蔑曆”为商至西周中期彝铭习语，有关释读历来众说纷纭。阮元认为“蔑曆”当为“蔑歷”，“按其文皆勉力之义，是蔑歷即《尔雅》所谓蠠没，后转为密勿，又转为黾勉”。

中山王圆壶的“百每”，有学者认为“百”当读为“慔”，“每”当读为“敏”，“百每”当读为“慔敏”或“勉闵”，即典籍“闵勉”的倒文。其说可从，“百每”与下文“日夜不忘……”相呼应，文辞稍安。

《陕西新出土古代玺印》1330 号著录下揭一方汉印：

原释文为“槁麋无”。“无”“亡”古通，那么印中“麋无”的意思应该与《古玺汇编》0360号玺印中的“麋亡”相当，也就是说，此印的主人以成语“麋无”为双名。或读人名为“蘼芜”。

古人除以地名、职官等为双名外，还常以成语为双名，如著录于《陕西新出土古代玺印》122页973号“史印益寿”、151页中的1324号印“窦印延寿”、154页1361号“女印延年”等。

【参考文献】

强运开:《说文古籀三补》,中华书局,1986年,63页。

姜亮夫:《诗骚联绵字考》,《姜亮夫全集》第17卷,云南人民出版社,2002年。

孙德宣:《联绵字浅说》,《辅仁学志》11卷1、2期合刊,1942年。

朱德熙、裘锡圭:《平山中山王墓铜器铭文的初步研究》,《文物》1979年1期,42—52页。此玺原释为“宜有万金”,误。玺文“百”与中山王壶相似。

罗福颐:《古玺印概论》,文物出版社,1981年,46页。

何琳仪:《中山王器考释拾遗》,《史学集刊》1984年3期,5—10页。

吴振武:《战国“亩(廪)”字考察》,《考古与文物》1984年4期,80—87页。

汤馀惠:《战国铭文选》,吉林大学出版社,1993年,39页。

吴振武:《战国官玺释解两篇》,载《金景芳九五诞辰纪念文集》,吉林文史出版社，1996年，192页。

萧 毅：《“麋亡”印释》，《中国文字》新廿六期，艺文印书馆，2000年，177—181页。

萧 毅：《古玺文字研究》，中山大学博士学位论文，2002年，90页。

施谢捷：《古玺汇考》，安徽大学博士学位论文，2006年，104页。

萧 旭：《唐五代佛经音义书同源词例考》，复旦大学出土文献与古文字研究中心网站，2011年8月15日，http://www.gwz.fudan.edu.cn/SrcShow.asp?Src_ID=1617。

47. 忠信敬事富贵[1]

【图版】

【释文】

忠信[2]敬事[3]富贵[4]

【著录】

盛世收藏网站;《录堂摹辑古玺印》

【注释】

[1] 齐玺。现藏于北京观妙堂。

[2] 忠信,参看本书“45. 忠信”。

[3] 敬事,古代常语,为“恭敬奉事”“谨慎处事”的意思。“奉事”指奉事于鬼神或人,人一般即指君王;“处事”是指臣下为君王服务,为公家办事。在中国古代家天下的背景下,奉事于君王和为公家办事实际上是一回事。《论语·卫灵公》:“子曰:‘事君,敬其事而后其食。’”《白虎通义·嫁娶》:“勉之,敬之,夙夜无违宫事。”《毛诗·大雅·烝民》:“夙夜匪解,以事一人。”这是从服务君王的角度说的。《汉书·礼乐志》:“百官济济,各

敬其事。"《逸周书·职方》:"王将巡狩,则戒于四方,曰:'各修平乃守,考乃职事,无敢不敬戒。'"这是从忠于职守的角度说的。

［4］富贵,《论语·里仁》:"富与贵,人之所欲也。"

【延展阅读】

这方古玺最早出现在盛世收藏网上,约 16 mm 见方,因为铜质很差,不便钤朱。2011 年 9 月在北京有机会上手看到原印,经观妙堂主人同意拍得照片一帧,为方便阅读,我们把它翻转过来并放大。

前几个字比较容易识别,为"忠信敬事",后面两个字从常理推断,也应该是习语。

此玺"信"的言旁具其文字特征,即竖笔上多一点或一横,故定此玺为齐玺。有关"信"字,可参看本书"49. 悭信"部分。

第一个从贝的字,右边所从应该是畐。齐文字中从畐的字不多见,如"旂福信玺"(3753)、"福"(国差罎)等。

畐的上下部一般是连在一起的,古文字中也有上下分离的形体,如"富贵"(4424)。

“畐”的下部一般从田作，古玺文字常见，如“富生”(4410)、“富生”(4414)等。

从贝从畐的字不见于齐文字，不过在出土的战国竹书中却很常见，如郭店缁衣20号简、44号简。

上海博物馆藏战国楚竹书周易12号简、彭祖8号简、君子为礼9号简、弟子问6号简。

其中与郭店缁衣对应的两字，上博缁衣从富，见上海博物馆藏战国楚竹书缁衣11号简、22号简。

玺文和这些字比较，应该是同一个字，主要不同是一为左右结构，一为上下结构。竹书中的这些字都是用为“富”的，玺文很可能也用为“富”。

第二字应该是“贵”字，与常见的“贵”字比较，也不过是变上下结构为左右结构。下面一些类似的“贵”字可资比较，如郭店老子乙本5号简、老子甲本29号简、上海博物馆藏战国楚竹书曹沫之陈21号简、君子为礼9号简等。

传世文献和出土文字资料中常见“富”“贵”连用。

《论语·颜渊》：“商闻之矣：死生有命，富贵在天。”

《管子·牧民》：“民恶忧劳，我佚乐之；民恶贫贱，我富贵之。”

《孟子·离娄下》：“其妻问所与饮食者，则尽富贵也。”

古玺中的“富贵”少见。秦印中的“富贵”有前举4424。

汉印中“富贵”“贵富”常见，如《十钟山房印举》二十九举收录多方。

还见于其他成语印中，如“长富贵”（《十钟山房印举》二十九·三十三）、“长贵富乐毋事”（《故宫博物院藏古玺印选》585）。

玺文“富贵”放在“忠信”“敬事”之后，这三个词的次序颇耐人寻味。

【参考文献】

盛世收藏网：2010年7月4日。

http://bbs.sssc.cn/viewthread.php? tid=933851&highlight=。

刘　钊：《古玺格言玺考释一则》，复旦大学出土文献与古文字研究中心网站，2011年11月3日，http://www.gwz.fudan.edu.cn/SrcShow.

asp? Src_ID=1694。

萧　毅:《“忠信敬事富贵”玺考》,《古文字论坛》第一辑,中山大学出版社,2015 年,229—332 页。

48. 陘君[1]

【图版】

【释文】

陘(敬)[2]君[3]

【著录】

3620

【注释】

[1] 齐玺。

[2] 陘,读为“敬”,尊敬。巠、敬古音都为耕部见纽。酒器“桱程”,文献中也作“桱程”“经程”“槃程”“槃桯”“极程”等。《说文解字·木部》:“桱,桱桯也,东方谓之荡。从木巠声。”《韩诗外传》卷十:“后者饮一经程。”《急就篇》卷三:“酤酒酿醪稽槃程。”或作“极程”,颜师古注:“极,一作槃。”或作“槃桯”,如宋克摹本、赵孟俯正草二本。出土文献中,《居延汉简甲编》1572 有“桱程二”的记载。“桱程”“槃程”“经程”为一词异体。又古文字中巠、敬都有从壬得声的形体。

［3］君，指尊者。《说文解字·口部》："君，尊也。"尊敬尊长和有才德的人是古代礼制的重要内容，《孟子·告子下》："敬老慈幼，无忘宾旅。"《礼记·祭义》："先王之所以治天下者五：贵有德、贵贵、贵老、敬长、慈幼。此五者，先王之所以定天下也。"《汉书·谷永传》："敬贤下士，乐善不倦。"

【延展阅读】

1. 坙

齐文字中的"坙"，下部声化从壬声，上部竖画多加有饰点，饰点或相连，进一步的变化，是上部变为圆形。如"諲（敬）事"（2530）、"闾丘郅"（4014）、"悜（敬）信"（《书道全集》第廿七卷 25 页）。

三晋文字中的"坙"，下部或从土，或声化从壬声，更常见的形体是中部作"人"形。如"郅闌"（1982）、"郅駕"（5645）、"郅衍"（1979）。

楚文字中的"坙"，上部长横上或有饰笔，长横下或为四竖；下部或声化从壬声，或有省略。如"郅"（包山 162）、"经"（包山 268）。

2. 敬君

楚玺中也可见"敬君"。如"敬君"（中国印学博物馆、《印章陈列大观》6 页）、"敬君"（《录堂摹辑古玺印》）。

汉印中有以“敬君”为名者，如“侯印敬君”(《录堂摹辑古玺印》)、“赵印敬君”(《录堂摹辑古玺印》)等。

古玺印中还有其他一些关尊敬尊长和有才德之人的成语印。

三晋玺有“敬上”(4200)、“敬丌(其)上”(4722)。

“敬老”(4255)、“敬寿”(4256)、“敬士”(4259)。

秦印有“思(慈)少敬老”(《香港中文大学文物馆藏印续集二》77)。

【参考文献】

方以智：《通雅》卷39，《方以智全书》第1册，上海古籍出版社，1988年，1181页。

沈　元：《〈急就篇〉研究》，《历史研究》1962年3期，61—87页。

裘锡圭：《鋞与桱桯》，《文物》1987年9期，28—32页。又载《裘锡圭学术文集》卷6，复旦大学出版社，2012年，4—11页。

何琳仪:《战国古文字典》,中华书局,1998 年,784—785 页。

王　辉:《秦印考释三则》,《中国古玺印学国际研讨会论文集》,香港中文大学文物馆,2000 年,49—57 页。

刘　钊:《秦"敬老思少"成语玺考释》,《古文字研究》第二十七辑,中华书局,2008 年,346—351 页。又《书馨集——出土文献与古文字论丛》,上海古籍出版社,2013 年,215—224 页。

49. 悭信[1]

【图版】

【释文】

悭(敬)[2]信[3]

【著录】

《书道全集》第廿七卷 25 页;《蔼蔼庄藏古玺印》

【注释】

[1] 齐玺。

[2] 悭,读为“敬”。参看本书“48. 哑君”。

[3] 敬信,慎重而守信。《论语·学而》:“道千乘之国,敬事而信,节用而爱人,使民以时。”《韩非子·饰邪》:“明于治之数,则国虽小,富;赏罚敬信,民虽寡,强。”

【延展阅读】

1. 言

燕文字中，言旁上部为横画，横画上多饰有短竖，或无饰笔，少有饰短横者。中画或平直，或作 U 形；或穿过竖画中部，或穿过竖画顶端。下部的口或填实。如“易谯”(1668)、“信城医”(0323)、“王生信”(5685)、“公孙欣”(3868)、“信”(5427)、“讵”(5282)。

齐文字中，言旁上部或为横，或作∧形，后者地域性强；横上或无饰笔，或饰有短竖、短横。中部多近 U 形。竖画上常见饰点，颇有特色；或省略竖画。“口”中或有饰点，不多见。如“郐膚信玺”(1954)、“围之信玺”(5557)、“瘿庆信玺”(0236)、“王閒信玺”(0650)、“諲(敬)事”(2530)、“戠昉信鉨”(0248)。

三晋文字中，言旁上部为横画，横画上多无饰笔，饰短竖、短横者皆不多见。中部多作U形，作横画者少见。中竖与“口”的上横多不相连，一般不超出中部U形笔画底端，或省略。“口”中间多有横画，两侧竖画或与中部U形笔画底部相接。如“肖让”(0986)、“肖谨”(0983)、“盍诃”(2741)、“肖誎”(0985)、“肴让”(2781)、“悫谨”(2667)、“司马□”(3811)、“慎言”(4285)。

中竖与“口”相连者不多见。如“尚言”(3076)、“謟(信)”(5450)。还有些形体罕见，如“郤谯”(1940)。

楚文字中，言旁上部为横画，横画上多饰有短横，无饰笔者少见。中部多为横画，位于“V”形笔画底部。中竖多省略。如“士信”(1664)、“䜌敢”(2539)、“竞训”(3130)、“计官之玺”(0137)、“中信”(4510)。

2. 信

燕玺中的“信”，多从言从身，或单借“身”为之。其中“言”“身”的写法与他系有别。

从言从身的，如“王生信”(5685)、“信”(5427)、“信玺”(《中国玺印类编》71 页)。

有时候身旁近“弓”形。如“𨸏险都信璽左”(0191)、“率吴信”(4111)。

单借“身”为之的，如“忠身(信)”(3463)、“易文身(信)鍴(瑞)”(0364)等。

齐玺中的“信”主要有两种写法，一种从千从心，只见于齐玺，如“卑䉃(将)匠刍信玺”(0234)、“鄞安信玺”(0237)。

一种从千从言，“言”的中竖上一般有饰点，如“璋□鄗遂信玺”(0232)、“郤膚信玺”(1954)、“□之信玺”(5557)等。

也有言旁省略中竖的，如“宴肺信鉨”(0235)、“瘿庆信玺”(0236)。

三晋玺中的“信”有很多写法。

或从身，如“焦鞅身(信)玺”(5680)、“訷(信)”(4662)、“信玺(3345)”、“㑗(信)”(3344)。

或从躳，如“躳(信)”(5195)、“䛪(信)”(5450)、“䛪(信)”(3129)等。

或从玉从人从心。如“车御倫(令)信”(《吉林大学藏古玺印选》8)、“信”(2561)。这种写法也见于中山王鼎(《殷周金文集成》02840)。

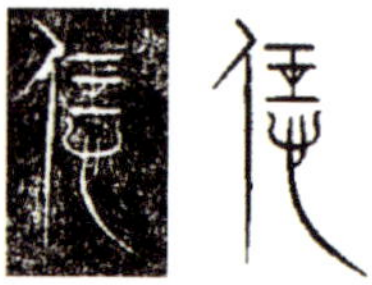

或以“人”为信。如“敬人(信)”(4697)。

或以“千”为信。如“番厶(私)千(信)”(1658)、“石厶(私)千(信)”(5667)、“上肙千(信)玺”(《中国书法》2012年11期59页)。

楚玺多从千从言,言旁具地域特色,如“周易信玺”(5679)、“信玺”(4574)、“倗旦(?)信玺”(3720)。

【参考文献】

汤馀惠:《略论战国文字形体研究中的几个问题》,《古文字研究》第十五辑,中华书局,1986年,9—100页。

曹锦炎:《古玺通论》,上海书画出版社,1996 年,87 页。

何琳仪:《战国古文字典》,中华书局,1998 年,784—785 页,1011—1012 页,1136 页。

萧　毅:《古玺文字研究》,中山大学博士学位论文,2002 年,15—16 页,19 页。

刘建峰:《战国玺印文字构型分域研究》,山东大学博士学位论文,2012 年,93—95 页。

董　珊:《五年春平相邦葛得鼎考》,《古文字与古代史》第三辑,台北"中央研究院"历史语言研究所,2012 年,287—300 页。

李家浩:《战国官印"车御令信"考释》,《印学研究(2014)》,文物出版社,2014 年,65—69 页。

50. 諲事得志[1]

【图版】

【释文】

諲事[2]得志[3]

【著录】

4889;《古玉印集存》51

【注释】

[1] 齐玺。

[2] 諲,读为"敬",参看本书"48. 啞君"。"諲(敬)事"还见于 2530 等。敬事,参看本书"47. 忠信敬事富贵"。

[3] 得志,得其所欲,顺其所愿。《易·贲》:"上九:白贲,无咎。《象》曰:白贲无咎。上得志也。"《礼记·表记》:"故君使其臣,得志则慎虑而从之,否则孰虑而从之。"《史记·伍子胥列传》:"阖庐既立,得志,乃召伍员以为行人,而与谋国事。"

【延展阅读】

古玺印中与“得志”意思相同或相近的成语较多。

齐玺中还有“得志”，如《两汉印帚》、3377。

三晋玺中有“得志”(4331)、“得绩”(4339)。

楚玺中有“呈志”，较为常见，如4519、4521、4517等。

还有“呈忎(愿)”(《珍秦斋藏印·战国篇》41)。

秦印中有“从(纵)志”“得志”“盈意”等，如“从(纵)志”(4340)、“相思得志”(《秦代印风》241页)、“杨盈意”(《录堂摹辑古玺印》)。

汉印中有“盈意”“盈愿”“满意”“如意”“益意”“得意”“得愿”等。如

“皇盈意”(《十钟山房印举》三·六十一)、“儿戚·盈[①]意”(《十钟山房印举》三·三十九)。

《汉印文字征》五·九著录一方汉印“庄盈愿”。

“王满意印”(《十钟山房印举》十八·十八)、“吴印如意”(《十钟山房印举》十九·二十)。

“益意”(《上海博物馆藏印选》114 页)、“益意·日光”(《十钟山房印举》二十九·十七)。

“苏印得意”(《篆字印汇》529 页)、“文得意”(《中原文物》1996 年 4 期 116 页)、“郭得愿”(《篆字印汇》529 页)。

---

① 此字中部讹为“又”。

【参考文献】

叶其峰:《战国成语玺析义》,《故宫博物院院刊》1983 年 1 期,75—78 页。

贾香峰、赵炳焕:《新郑市发现汉印和金印》,《中原文物》1996 年 4 期,116—117 页。

何琳仪:《战国古文字典》,中华书局,1998 年,784—785 页。

陈光田:《战国秦汉吉语格言玺集释》,吉林大学硕士学位论文,1999 年,14 页,17—18 页。

萧　毅:《古玺文字研究》,中山大学博士学位论文,2002 年,80 页。

叶其峰:《古玺印通论》,紫禁城出版社,2003 年,64 页。

51. 上生・又士・昌[1]

【图版】

【释文】

上生[2]・又士[3]・昌[4]

【著录】

《珍秦斋藏印・战国篇》168

【注释】

[1] 三晋玺。通高 1.6 cm,印面 1.15 cm×1.2 cm,四侧 1.2 cm×1 cm。现藏于珍秦斋。

[2] 上生,成语,“上”读为“尚”,崇尚。“上生”也见于 4635、4636、

4752—4755 等。

［3］又士，成语，“又”读为“佑”，佑助。“又士”也见于 4756、《珍秦斋藏印·战国篇》207 等，类似的成语有“上士之又”，如 4844—4851 等。

［4］昌，昌盛。古玺中“昌”单字玺较为常见，如 4972—5000，应为成语玺。

【延展阅读】

古玺除前面提到过的两面印、四面印外，还有五面印。

如“千秋·百万·昌”(4920、《故宫博物院藏古玺印选》211)。

“敬士·昌·又生”(4925)。

“上士(?)·勹(?)·又生”(4923)。

《鉴印山房藏古玺印菁华》48、《大风堂古印举》44 各著录一方五面玺，同文，为“正尖·敬上·玺”：

秦汉时期也可以看到五面印。《鉴印山房藏古玺印菁华》165 著录一方印，印底为秦文字，印侧四面为汉文字，当为汉时补刻。

【参考文献】

陈光田:《战国秦汉吉语格言玺集释》,吉林大学硕士学位论文,1999年,6页;20页。

孙家潭:《大风堂古印举》,西泠印社出版社,2009年,37页。

52. 中精[1]

【图版】

【释文】

中精[2]

【著录】

《香港中文大学文物馆藏印续集一》105

【注释】

[1] 三晋玺。1.3 cm×1.4 cm,通高 0.6 cm。现藏于香港中文大学文物馆。

[2] 中精,可读为中清,指本身廉洁无私。《管子·心术》:"中不精者心不治。"睡虎地秦简"为吏之道":"凡为吏之道,必精絜正直。"精絜又作絜清,汉镜铭"絜清白而事君",《盐铁论·颂贤》作"精白"。《吕氏春秋·论人》:"离世自乐,中情洁白,不可量也。""中情"也就是"中清"。《楚辞·哀时命》:"形体白而质素兮,中皎洁而淑清。""中皎洁而淑清"就是"中清"。

【延展阅读】

古玺中“中清”用字有所不同，大约有五种形式。

第一种形式是“青中”，文字形体略有不同，主要的如4643、4650、4651、5385等。

第二种形式是“中清”，如2591、2592、2593。

第三种形式是“精中”，其中“中”有简化，如3337、《珍秦斋古印展》180以及新见一方私人藏古玺。

第四种形式也是“精中”，“精”不仅简化，而且上面的“山”形倒过来写成“个”形，见下举一方新见私人藏古玺。

第五种形式还是“精中”，但是简化更甚，就是我们这里讨论的《香港中文大学文物馆藏印续集一》105以及4708、4709。

“中精”也见于秦印“中精外诚”(《故宫博物院藏古玺印选》477)。

这里大致说说前举古玺的形体变化。

为和其他印拓一致,把上举一方新出古玺照片翻转过来,得如下图片:

同《珍秦斋古印展》180比较,左边的形体显然是一样的,释“中”应该不会有太大的问题。中间的形体是米旁的省略,上面省去一点(或可认为是借用了“个”左边的笔画)。

最为怪异的是右边的“青”,同4561中的“青”比较,主要发生了两种变化,一是上面的“山”形倒书作“个”形(虽然古文字中局部构件的正倒变化一般不多见,但在成语玺中却并不少见);一是中间的变为,商代文字中和就有互变之例,这种变化在周代文字中较为常见。

4708、4709是进一步变化。

先来看“中”的变化。在4708中,“中”作“┤”形,可以认为是“中”省略了中间的短横,而在4709中,连这一短横也被省略,只剩下一竖笔了。

再来看“精”的变化。“精”所从的“米”进一步省略,上面的两点都没有了,中间仍保留3337的形体作“十”,这样变化的结果是与古玺文字中的“尔”的一种写法相同。下面的“L”形当为“口”的简化。

古玺文字中的“口”常可简化为一笔,比如古玺中的“君”字。

下面有几方“宜又君士”玺。其中“君”所从的“口”,有的是比较完整的,如4902。

《湖南省博物馆藏古玺印集》49 和两方私人藏印省作“U”形。

下面一方私人藏古玺只剩下“U”形的一半了。

《鉴印山房藏古玺印菁华》51 号玺“事君必慎厶(私)”,“君”的“口”是完整的。

《珍秦斋藏印·战国篇》189、观妙堂藏印以及一方私人藏印“事君必慎”,其中“君”所从的“口”,是作“L”形的。

4855 的“可”、5397 的“尚”、4282 的“命”、5000 的“昌”等字也有类似的变化。

玺文中“中”“米”“青”大致的变化过程如下:

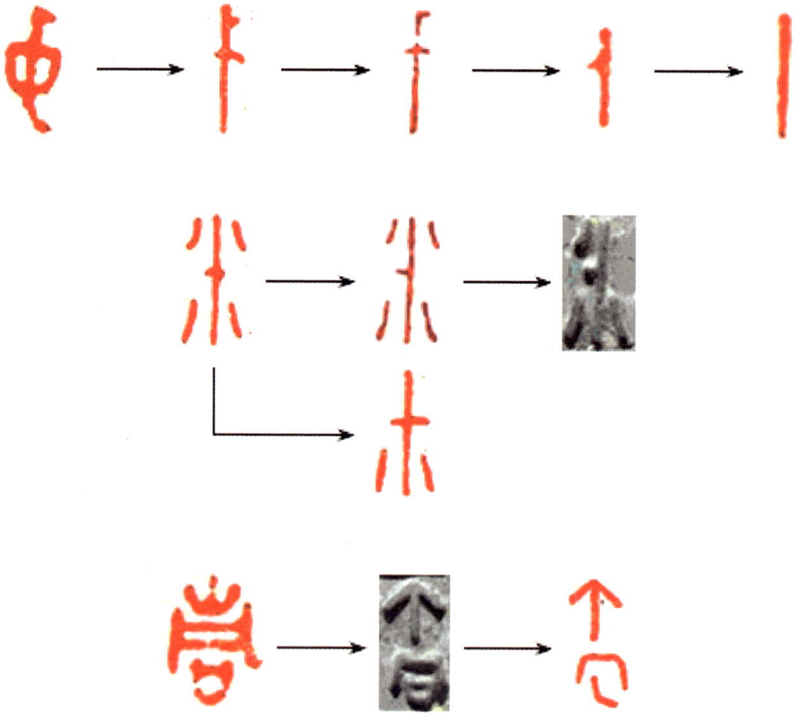

【参考文献】

叶其峰:《战国成语玺析义》,《故宫博物院院刊》1983 年 1 期,75—78 页。

吴振武:《〈古汇编释〉释文订补及其分类修订》,《古文字学论集》(初编),香港中文大学中国文化研究所、吴多泰中国语文研究中心,1983 年,485—535 页。

林　沄:《释古玺中从“朿”的两个字》,《古文字研究》第十九辑,中华书局,1992 年,468—469 页。

王　辉:《古文字通假释例》,艺文印书馆,1993 年,425 页。

王人聪:《战国吉语、箴言玺考释》,《故宫博物院院刊》1997 年 4 期,50—55 页。

陈光田:《战国秦汉吉语格言玺集释》,吉林大学硕士学位论文,1999

年，11 页。

魏宜辉：《楚系简帛文字形体讹变分析》，南京大学博士学位论文，2003 年，89—91 页。

萧　毅：《“中清”玺考》，《古文字研究》第二十七辑，中华书局，2008 年，341—345 页。

刘　钊：《关于几组战国格言玺的解释》，《中华文史论丛》2012 年 3 期，43—61 页。又《书馨集——出土文献与古文字论丛》，上海古籍出版社，2013 年，268—285 页。

53. 正行[1]

【图版】

【释文】

正行[2]

【著录】

《甘露堂藏战国箴言玺》063;《北京印学》第二辑 37 页

【注释】

[1] 三晋玺。现藏于甘露堂。

[2] 正行,或指正直的行为。《晏子春秋·内篇问下第二一》:“苟持民矣,安有遗道? 苟遗民矣,安有正行?”《淮南子·缪称训》:“身有丑梦,不胜正行;国有妖祥,不胜善政。”或指端正行为。《荀子·议兵》:“于是有能化善、修身、正行、积礼义、尊道德,百姓莫不贵敬,莫不亲誉,然后赏于是起矣。”《说苑·立节》:“吾闻古之士,怒则思理,危不忘义,必将正行以求之耳。”《周礼·地官·司徒》:“正其行而强之道艺……”

【延展阅读】

1. 止辵

燕玺“彳”第三笔常作折笔，作形；末端或下垂，作形。“止”作、、等形，其中右边的斜笔与中竖底端相接，并着生在底画上，颇有地域特色。如“文安都司徒”(0012)、“鄒(易)都司徒”(0010)、“郭生让”(2828)、“王达”(0511)、“剸让”(5573)

齐玺“止”一般位于“彳”下，中画着点在右画上，作、等形。如“才逜”(3222)、“宋迲疾玺”(1433)。

晋玺“止”多位于“彳”右下侧，“止”中间的笔画与右边的笔画交叉，作、等形。如“椁(郭)迲痯”(2463)、“皇連”(1283)等。

楚玺“止”位于“彳”右下侧，底画或为较对称的弧线，作形，或为横画，作形。如“旨让”(3559)、“登逑”(1930)、“緐让”(1567)、“郢戠(职)迵敷”(0335)。

少有中画着点在右画上者，略近于齐，如“鲁达”(1592)。

2. 心形

古玺中的心形主要见于成语玺、单字玺以及不带姓名的私玺，姓名私玺中少见。

成语玺，如“行厶”(4537)、“得志”(4338)、“长身(信)”(4674)、“謅(信)”(5450)、“长身(信)”(《珍秦斋藏印·战国篇》215)。

单字玺，如“悲”(5451)。5453字不识，疑为单字玺。

单字“尔”，上部的笔画有时随外框卷曲，装饰意味浓厚，如5245、《中国古印图录》172。

不带姓名的私玺，如“厶（私）尔（玺）”（4601）、“厶（私）尔（玺）”（4602）。

姓名私玺，如“王孙生□”（3929）、“乙？ ”（5449）。

3. 纹饰

有些古玺，尤其是成语玺、单字玺，经常可以看到文字、纹饰相伴。

“厶（私）尔（玺）”（4598）、“正行”（《珍秦斋藏印·战国篇》215）有与《甘露堂藏战国箴言玺》063一样的纹饰。

三联印“正玺”（《珍秦斋藏印·战国篇》194），下部的方框里面不是文字，是纹饰。

“禾士”(《古代玺印原拓印谱》)、“共敬”(《中国玺印类编》85 页)右下角是纹饰。

“尔”(5244)下部有卷曲的纹饰。

有些文字的笔画也有卷曲,如“生”(5164)以及前举 5245、《中国古印图录》172 的“尔”。

有些古玺在文字四周装饰点线,如“长阱”(0832)、“絑炉”(1571)、“登墙”(1933)、“羊达(?)”(3563)、“奠𨛰·敬”(1617)、“士”(《珍秦斋藏印·战国篇》241)、“昌”(4984)、“生”(5163)等。

【参考文献】

叶其峰:《战国成语玺析义》,《故宫博物院院刊》1983 年 1 期,75—78 页。

汤馀惠:《略论战国文字形体研究中的几个问题》,《古文字研究》第十五辑,中华书局,1986 年,9—100 页。

陈光田:《战国秦汉吉语格言玺集释》,吉林大学硕士学位论文,1999 年,15 页。

萧　毅:《古玺文字研究》,中山大学博士学位论文,2002 年,13 页;82 页。

叶其峰:《古玺印通论》,紫禁城出版社,2003 年,63 页。

吴砚君:《三晋古玺杂说》,《北京印学》第二辑,中国艺术出版社,2009 年,22—37 页。

刘建峰:《战国玺印文字构型分域研究》,山东大学博士学位论文,2012 年,32—35 页;42 页。

周建亚:《甘露堂藏战国箴言玺》,文物出版社,2013 年,86 页。

54. 敬事昼夕[1]

【图版】

【释文】

敬事[2]昼夕[3]

【著录】

《盛世玺印录》138

【注释】

[1] 三晋玺。印面 15.1 mm×15.1 mm，通高 15.6 mm，现藏于观妙堂。

[2] 敬事，参看本书“47.忠信敬事富贵”。

[3] 昼，下从甘，或为从日讹变而来。或以为此字从甘聿声，读为“昼”。“昼夕”又称为“夙夕”“夙夜”“朝夕”和“日夜”，指早晚，即白天加晚上。“昼夕”见于传世文献和出土文献，如《吴越春秋·越王无余外传》：“启生不见父，昼夕呱呱啼泣。”马王堆汉墓帛书《老子》甲本卷后古佚书《九主》：“是故□□□□□□□不出其身，昼夕不离其职。”

类似“敬事昼夕”的词语，见于传世文献的有“夙夜维敬”“夙夜敬止”“虔恭夙夜”“夙夜维寅”“夙夜匪懈”“夙夜不怠”“夙夜罔或不勤”“夙夜在公”“昼夜密勿”“亹亹不舍昼夜”等，见于出土文献的有“夙夜不彖(惰)”(史墙盘)、“亡康昼夜”(㝬簋)、“夙夜无怠”(伯康簋)、“夙夜不懈”(中山王鼎)、“虔夙夜”(番生簋盖)、“虔夙夕”(毛公鼎)、“恪夙夕”(毛公鼎)、“敬夙夕”(四十三年逑鼎)、“用夙夜事”(师望鼎)、“用夙夕事”(𤞷盘)、“穆穆夙夜”(㦰方鼎)、“敬夙夜用事”(伯龢父敦)等。

【延展阅读】

1. 结构异化

“事”字一般的写法，是作上中下排列的，这方玺印的写法比较有趣，因为布局的关系，改变了三个构件的位置，成为一个左右结构的字。

对某个字来说，构件的方向或位置有时会有多种变化，这种方向和位置的变异，可以称作结构异化。

较为常见的，有下面一些变化。

(1) 正——反

包山258号简的两个“菰”字，所从的“瓜”方向相反。

(2) 上——下

新蔡甲三315号简“木”在“辛”上，包山191号简“木”在“辛”下，“木”“辛”共用竖画。

“庆”字，表示尾部的“个”形本来应该在“心”下方的，如包山179号简。在包山13号简中，表示尾部的“个”形移到了“心”的上面。

（3）左——右

有些字的构件常左右易位。如新蔡甲三 204 号简、新蔡零 257 号简的“嬛”，包山 214 号简、新蔡零 265 号简的“祱”。

（4）上下——左右

有些构件或为上下结构，或为左右结构。如包山 185 号简、包山 184 号简的“署”，新蔡零 286 号简、新蔡甲三 315 号简的“宜”。

（5）内——外

如包山 89 号简“木”在“酉”上，在包山 162 号简中，“木”移到了“酉”的里面，并省略了里面原有的笔画。

有些字结构上有较多的变化，如包山 22 号简、包山 19 号简、天星观简（《楚系简帛文字编》583）的“期”，包山 37 号简、包山 27 号简、包山 32 号简的“塙”。

2. 虚实无别

“夕”字上部近似三角形的部分被填实了。古文字中经常可以看到虚实无别的现象。

“玉”中间或作两三角形，或实或虚，如“陈玉”(1452)、“肖(赵)玉”(0897)、“陈玉”(1471)、“雍瓔”(5665)。

“肥”所从的“卩”，古玺文字多实心，如1833、3259、3273。

虚心的少见，如2533。

“范”字所从的“㔾”，或实或虚，如“范子”(5348)、“范弗曲尔(玺)”(3417)、“范堂”(2170)等。

“卯”，一般虚心，如“长痂”(0797)、“陈卯”(1467)、“庹卯”(2852)。

也有实心的，如“畋遛”(1490)、“鍪(刘)旂”(3268)。

“云”的上部，或实或虚，如“会堂”(3165)、“星沄”(2745)。

【参考文献】

何琳仪：《战国文字通论》，中华书局，1989 年，203—205 页。

陈　剑：《金文“象”字考释》，《甲骨金文考释论集》，线装书局，2007 年，243—272 页。

盛世收藏：2009 年 3 月 6 日，http://bbs. sssc. cn/forum. php? mod = viewthread&tid = 504501&extra = page% 3D564% 26filter% 3Dauthor%26orderby%3Ddateline%26orderby%3Ddateline。

萧　毅：《楚简文字研究》，武汉大学出版社，2010 年，102—107 页。

刘　钊：《古玺格言玺考释一则》，复旦大学出土文献与古文字研究中心网站，2011 年 11 月 3 日，http://www. gwz. fudan. edu. cn/SrcShow. asp? Src_ID=1694。

55. 慎终如始[1]

【图版】

【释文】

𢘻(慎)[2]冬(终)女(如)司(始)[3]

【著录】

《甘露堂藏战国箴言玺》017

【注释】

[1] 三晋玺。边长 1.2 cm,高 1.3 cm。现藏于甘露堂。

[2] 𢘻(慎),谨慎。三晋"慎"字常如此作,或省"斤"。

[3] 司,读为"始"。慎终如始,意思是始终谨慎从事,善始善终。《老子》:"临事之纪,慎终如始,则无败事。"文献中还有其他类似的说法,如《荀子·礼论》:"礼者,谨于治生死者也。生,人之始也;死,人之终也。始终俱善,人道毕矣。故君子敬始而慎终,始终如一,是君子之道,礼义之文

也。”《礼记·表记》:“事君慎始而敬终。”

【延展阅读】

出土文献中常可以见到“慎终如始”或者类似的词语。

《录堂摹辑古玺印》摹录一方同文玺“慎冬(终)女(如)司(始)”。

《鉴印山房藏古玺印菁华》220页著录一方楚玺,玺文可读为“慎终若始”。

郭店老子甲本11号简有“慎终如始”。

古玺中有“慎冬(终)”,如4970、《天津市艺术博物馆藏古玺印选》33页、《甘露堂藏战国箴言玺》126。

著名的战国鸟书箴铭带钩有“慎冬(终)”(《啸堂集古录》卷下之上、《历代钟鼎彝器款识法帖》卷一)。

古玺中有“慎始”,如“慎司(始)”(《香港中文大学文物馆藏印续集一》131)、“慎司(始)”(《中国玺印集粹》252)。

“慎司(始)敬正”，如 4901、《湖南古代玺印》43 页、《珍秦斋藏印·战国篇》173。

与“慎始”义近的有“敬始”。如“敬礼(始)”(《甘露堂藏战国箴言玺》196)、“敬祠(始)”(《录堂摹辑古玺印》)、“敬祠(始)”(《录堂摹辑古玺印》)。

【参考文献】

李　零:《战国鸟书箴铭带钩考释》,《古文字研究》第八辑，中华书局，1983 年，59—62 页。

曹锦炎:《鸟虫书通考》，上海书画出版社，1999 年，214—216 页。

陈　剑:《说慎》,《甲骨金文考释论集》，线装书局，2007 年，39—53 页。

董　珊:《越王差徐戈考》,复旦大学出土文献与古文字研究中心网,2008 年 10 月 15 日,http://www.gwz.fudan.edu.cn/SrcShow.asp?Src_ID=525。

萧　毅:《楚简文字研究》,武汉大学出版社,2010 年,225—231 页。

施谢捷:《说“訇(訇匀)”及相关诸字(上)》,《出土文献与传世典籍的诠释》,上海古籍出版社,2010 年,47—66 页。

汤志彪:《鸟虫书三考》,《东北师大学报》(哲学社会科学版)2012 年 4 期,96—101 页。

汤志彪:《战国玺印文字考释(十二则)》,《中国文字研究》2013 年 1 期,50—57 页。

56. 亡慽呈志[1]

【图版】

【释文】

亡慽[2]呈志[3]

【著录】

《珍秦斋藏印·战国篇》141;《方寸乾坤——珍秦斋藏历代玺印精品集》47 页。

【注释】

[1] 楚玺。1.90 cm×1.85 cm×0.95 cm,现藏于珍秦斋。

[2] 亡慽,无忧。《说文解字·心部》:"慽,忧也。从心戚声。"典籍也作"戚"。《说文解字·戉部》:"戚,戉也。从戉尗声。"段注:"戚训促迫,故又引申训忧,《小明》'自诒伊戚',传曰:'戚,忧也。'度古只有戚,后乃别制慽字。"

[3] 呈,读为"逞"。逞志,称愿。《左传·成公十三年》:"天诱其衷,成王陨命,穆公是以不克逞志于我。"《左传·襄公二十七年》:"求逞志而弃信,

志将逞乎?"《文选·两京赋》:"尔乃逞志究欲,穷身极娱。"或释"危志"。

【延展阅读】

此玺或释为"亡(无)恃呈(逞)志",或释为"乍(作)恃(诗)逞志"。

原玺文朱拓是反书,为便于说解,将朱拓翻转如下。

这里主要分析"亡慽"。

先看第一字。

"亡"的一般形体,中竖是与底画相连的,如包山171号简、郭店尊德义33号简。

有时候中间的竖笔收缩,就可以看到类似玺文的形体,如"亡"(新蔡乙四35号简)、"芒"(信阳2-023号简)。

"乍"的一般形体,是中间的横画与左边的竖笔相连,如王孙诰钟。

"乍"的竖笔与中间的横画也有类似"亡"的变化,如酓章镈、曾侯乙钟。

“乍”与“亡”的主要区别，是“乍”的横向笔画为三笔，而“亡”只有两笔。虽然“乍”也有讹作两笔的，如郭店六德36号简，但毕竟少见。

再看第二字。

这个字应该是下面两种形体之一。

除心旁由于底画与边栏粘连导致形体难以确定外，其他部分的形体还是可以确定的。

可以和楚简文字中的“戚”或从戚的字比较。

“戚”字，如天星观（《楚系简帛文字编》447页）、望山1—6号简、包山221号简。

从戚的字，如天星观（《楚系简帛文字编》447页）、包山218号简、天星观（《楚系简帛文字编》447页）、包山162号简、包山12号简。

   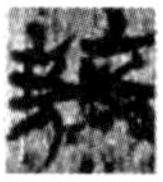 

此外，楚简文字中的“戚”或从戚的字还有从木从戚省的，如包山131号简、包山205号简、包山209号简、包山207号简、包山216号简。

玺文第二字可以认为是一个从心从戚省的字,即“惐”字。

郭店竹简也有“戚”字,见郭店性自34号简。

与我们讨论的玺文同构。

郭店竹简中有一个从艸从戚从心的字,读为“惐”,见郭店性自命出30号简,上海博物馆藏简与之对应的字,见上博性情论19号简,从残存的笔画看,很可能是一个从见从戚省的字。

近有学者释为“亡慼危志”,读者可参看。

【参考文献】

庞 朴:《初读郭店楚简》,《历史研究》1998年1期,9页。

李天虹:《郭店竹简〈性自命出〉研究》,湖北教育出版社,2002年,172页。

刘 钊:《战国楚“作诗逞志”玺考释》,刘利民、周建设主编《语言》第四卷,首都师范大学出版社2003年,184—187页。

萧 毅:《“亡戚呈志”玺考》,《中国文字学报》第二辑,商务印书馆,2008年,90—93页。

萧 毅:《楚简文字研究》,武汉大学出版社,2010年,246—251页。

禤健聪:《“亡慼危志”玺考释》,《中国文字学报》第五辑,商务印书馆,2014年7月,154—160页。

57. 敬王[1]

【图版】

【释文】

敬王[2]

【著录】

《鉴印山房藏古玺印菁华》47

【注释】

[1] 楚玺。14 mm×14 mm×7 mm。现藏于鉴印山房。

[2] 敬王,恭敬君王。

【延展阅读】

1. 曲尺形

古玺印中曲尺形比较少见,主要见于楚、秦,齐、晋也偶尔可见。

楚玺如“郙傛”(1586、《故宫博物院藏古玺印选》72、《故宫博物院藏珍品大系·玺印》62)、“敬王”(《鸭雄绿斋藏中国古玺印精选》057)、“共敬”(《中国玺印类编》85页)、“纹玺”(3596)。

齐玺如“左正玺”(3737、《上海博物馆藏印选》6 页、144 页)。

三晋玺如“私玺”(《中国古铜印の美》24)。

秦印如“任樛”(2559)、“志从”(4340)等。

2. 敬

燕玺中未见“敬”字，但玺文有“䥙”字，见“长不䥙”（0864），所从的“苟”旁上部近三晋，右下斜笔疑有尾饰。燕金文中有“敬”字，见燕侯载簋（《殷周金文集成》10583）。

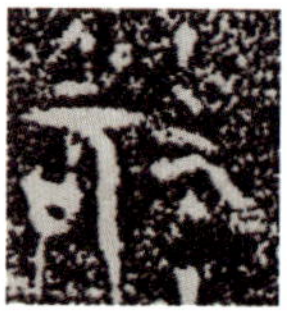

齐玺如“□□敬玺”（0342）、“忠信敬事富贵”（《录堂摹辑古玺印》）。

三晋玺“敬”字所从羊头变化很大，有多种写法。“苟”“攴”或有省略。如“敬事”（4142）、“敬命”（4229）、“敬事”（4191）、“敬事”（4167）、“敬身”（5704）。

楚玺中的“敬”或从羌，或省从羊头，其中“羌”“羊”常省略竖笔。“攴”上部多作“︿”形，或省为“又”。如“緿乙 · 敬”（2540）、“卲奋 · 敬”（3486+5579）、“君子敬”（3672）、“敬事”（3529）。

【参考文献】

何琳仪:《战国古文字典》,中华书局,1998 年,781—784 页。

陈光田:《战国秦汉吉语格言玺集释》,吉林大学硕士学位论文,1999 年,9 页。

萧　毅:《古玺文字研究》,中山大学博士学位论文,2002 年,20 页。

58. 贵信[1]

【图版】

【释文】

贵[2]信[3]

【著录】

《录堂摹辑古玺印》

【注释】

[1] 楚玺。印面 16 mm×16 mm。私人藏印。

[2]《说文解字·贝部》:“贵,物不贱也。”延伸为崇尚,重视。《正字通·贝部》:“贵,尚也。”

[3] 信,诚信。贵信,《大戴礼记·保傅》:“帝入南学,上齿而贵信,则长幼有差,如民不诬矣。”《吕氏春秋·离俗览》有篇名“贵信”。“贵信”也见于三晋玺,作“贵身”,见 4675、4676、《珍秦斋藏印·战国篇》120 等。

【延展阅读】

古玺印中偶尔可以看到用席纹装饰印面,多为楚玺。

这方“贵信”的席纹下陷，所以在平整的纸上钤不出来，用封泥才能钤出。

席纹一般与玺文在一个平面上，钤朱可以看见，如“信玺”（私人藏印、《录堂摹辑古玺印》）。

《珍秦斋藏印·战国篇》21 著录一方“士玺”，细审也有席纹装饰。

肖形印中也有席纹，如双虎肖形（《珍秦斋藏印·汉魏晋唐宋元篇》185 页）。

求古斋藏有一方肖形印（《中国古铜印の美》209），席纹下陷。

【参考文献】

王人聪：《战国吉语、箴言玺考释》，《故宫博物院院刊》1997 年 4 期，50—55 页。

陈光田：《战国秦汉吉语格言玺集释》，吉林大学硕士学位论文，1999 年，12—13 页。

59. 贤士人[1]

【图版】

【释文】

臤(贤)[2]士人[3]

【著录】

《鉴印山房藏古玺印菁华》36

【注释】

[1] 楚玺。直径 12 mm,通高 18 mm。现藏于鉴印山房。

[2] 臤,读为“贤”。《说文解字·臤部》:“臤,坚也。从又臣声。凡臤之属皆从臤。读若铿鎗。古文以为贤字。”又《贝部》:“贤,多才也。从贝臤声。”段注:“财,各本作才,今正。贤本多财之称。引伸之凡多皆曰贤。人称贤能,因习其引伸之义而废其本义矣。《小雅》:大夫不均,我从事独贤。传曰:贤,劳也。谓事多而劳也。故孟子说之曰:我独贤劳。戴先生曰:《投壶》某贤于某若干纯。贤,多也。从贝臤声。胡田切。十二部。”

[3]《论语·子路》:“子贡问曰:‘何如斯可谓之士矣?’子曰:‘行己有

耻，使于四方，不辱君命，可谓士矣。’”《论语·泰伯》：“士不可以不弘毅，任重而道远。仁以为己任，不亦重乎？死而后已，不亦远乎？”

【延展阅读】

“臤”的初文是个会意字，表示的本义是用手持取、引取一物。见于甲骨文、金文和战国文字。

甲骨文如英 1821、合 19884。

金文柞伯簋。

郭店简唐虞之道中多次出现这个字，如唐虞之道 2 号简、21 号简等。

此字或从“臣”，如郭店简五行 27 号简、缁衣 17 号简等，只是点与又分离。

金文中，“臤”有省去点的，如父癸簋。

新出一方三晋玺“臤愊”（私人藏印），其中的“臤”略增繁饰。

从臤得声的字，所从的“臤”主要有两种写法，较为常见的一种，是除“臣”“又”外还有多出的笔画，战国秦汉时期的文字中均可以见到，尤其是战国时期，多如此作。如中山王器、包山73号简等。

玺印文字如“鄦贤”（1609）、“吴贤”（《中国古铜印の美》17）、“肖（赵）賢”（0938）。

这种写法中“又”上多出来的部分，过去一般解释为饰笔，其实是由那一点变化而来的。

另外一种写法，是从臣从又，如金文贤簋（《殷周金文集成》04104.1）。

在秦汉文字中，更多的是这类从臣从又的形体。如里耶秦简第八层133号简反、秦印“上官贤”（《故宫博物院藏古玺印选》444）、汉印“赵贤”（《篆字印汇》1407页）。

“臤”右上所从，有变为“攴”的，也有省去“又”而保留一点的。如包山193号简、信阳1－002号简、郭店五行48号简以及“丁臤（贤）人”（《鸭雄绿斋藏中国古玺印精选》012）等。

从攴的形体，在晚些的文字中还可以见到，如汉印“赵贤”（《篆字印汇》1407 页）、帛书“贤”（马王堆帛书五行一九六）。

汉文字中也有省略“又”的形体，少见，如汉孔耽神祠碑的“贤”，从卜。

【参考文献】

陈　剑：《柞伯簋铭补释》，《传统文化与现代化》1999 年 1 期，50—53 页。又《甲骨金文考释论集》，线装书局，2007 年，1—7 页。

60. 呈愿[1]

【图版】

【释文】

呈忈(愿)[2]

【著录】

《珍秦斋藏印·战国篇》41

【注释】

[1] 楚玺。0.65 cm×0.7 cm×0.95 cm。现藏于珍秦斋。

[2] 玺文反书。忈,从元从心,读为“愿”,愿望、心愿。《诗·郑风·野有蔓草》:“邂逅相遇,适我愿兮。”呈愿,与楚玺常见的成语“呈志”义同。

【延展阅读】

《珍秦斋藏印·战国篇》把此玺定为私玺,并释第一字为“忈”,第二字隶定为从呈从力。从印面照片看,“力”形曲笔的起笔与横向笔画好像是分开的,原释文可能是据此把它们分作两部分来考虑,但细审照片,可以发现这两部分其实应该是连在一起的,只是略有残缺。

这个从元从心的字，在古文字中并不少见，如上博诗论 14 号简、上博鲍叔 4 号简、中山王方壶、上博彭祖 4 号简等。

这四例中的“忨”都读为“愿”，玺文同。

玺文所从的“元”比常见的“元”在末笔上多一横画，类似的变化在春秋时期的吉日壬午剑（《中国青铜器全集·东周 2》一一七、一一八）上也可以看到。

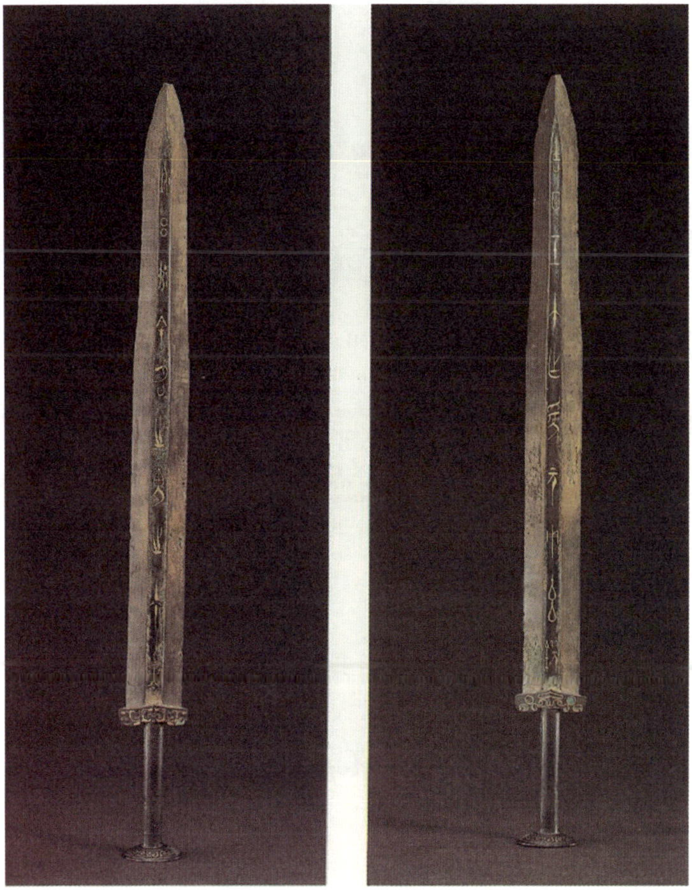

只是剑铭的点较肥厚。

吴季子之子剑还用鸟形来装饰“元”的末笔。

古文字常在竖笔、斜笔、曲笔上加点或者短横。

金文，王子午鼎中很多字有这种饰笔，如“吉”“余”（《商周青铜器铭文选》六四四）等字。

简牍文字，如“未”（包山 3）、“後”（包山 4）、“粉”（新蔡甲三 4）。

古玺文字，如“旂绍”（2391）、“阳城餁”（4038）、“霝紑”（2639）。

【参考文献】

何琳仪：《战国古文字典》，中华书局，1989 年，229 页。

萧　毅：《楚简文字研究》，武汉大学出版社，2010 年，251—254 页。

萧　毅：《楚玺考释二则》，《古文字研究》第二十八辑，中华书局，2010 年，365—369 页。

参考文献

A

安徽省文物考古研究所、巢湖市文物管理所:《巢湖汉墓》,文物出版社,2007年。

安徽省文物事业管理局:《安徽馆藏珍宝》,中华书局,2008年。

B

白於蓝:《古玺印文字考释(四篇)》,《考古与文物》1999年3期,85—86页。

C

曹锦炎:《释楼》,《史学集刊》1983年3期,87—90页。

曹锦炎:《战国玺印文字考释(三篇)》,《考古与文物》1985年4期,81—83页。

曹锦炎:《平阴鼎盖考释》,《考古》1985年7期,633—635页。

曹锦炎:《古玺文字中的"="符》,《印学论谈——西泠印社九十周年论文集》,西泠印社出版社,1993年,228—232页。

曹锦炎:《战国古玺考释(三篇)》,《第二届国际中国古文字学研讨会论文集》,香港中文大学中国语言及文学系,1993年,397—403页。

曹锦炎:《释楚国的几方烙印》,《江汉考古》1994年2期,69—70页。

曹锦炎:《黄宾虹古玺印释文选》,上海书画出版社,1995年。

曹锦炎:《上相邦玺考》,《中国文物报》1995年12月17日。

曹锦炎:《古玺通论》,上海书画出版社,1996年。

曹锦炎:《关于真山出土的“上相邦玺”》,《故宫博物院院刊》1999年2期,79—80页。

曹锦炎:《鸟虫书通考》,上海书画出版社,1999年。

曹锦炎:《古代玺印》,文物出版社,2002年。

陈光田:《战国秦汉吉语格言玺集释》,吉林大学硕士学位论文,1999年。

陈光田:《战国玺印分域研究》,岳麓书社,2009年。

陈汉平:《屠龙绝绪》,黑龙江教育出版社,1989年。

陈　剑:《柞伯簋铭补释》,《传统文化与现代化》1999年1期,50—53页。又《甲骨金文考释论集》,线装书局,2007年,1—7页。

陈　剑:《说慎》,《甲骨金文考释论集》,线装书局,2007年,39—53页。

陈　剑:《金文“彖”字考释》,《甲骨金文考释论集》,线装书局,2007年,243—272页。

陈介祺:《十钟山房印举》,中国书店,1985年。

陈世辉、汤馀惠:《古文字学概要》,吉林大学出版社,1988年。

陈松长:《湖南省博物馆藏出土玺印分期浅论》,《中国古玺印学国际研讨会论文集》,香港中文大学文物馆,2000年,91—101页。

陈松长:《马王堆简帛文字编》,文物出版社,2001年。

陈松长:《湖南古代玺印》,世纪出版集团、上海辞书出版社,2004年。

陈炜湛、唐钰明:《古文字学纲要》,中山大学出版社,1988年。

陈千万:《〈中子宾缶〉初探》,《江汉考古》1985年3期,56—61页。

程　燕:《齐官考释三则》,《古籍整理》2013年2期,196—198页。

程训义:《中国古印——程训义古玺印集存》,河北美术出版社,2007年。

D

戴家祥:《金文大字典》,学林出版社,1995年。

戴山青:《古玺汉印集萃》,广西美术出版社,2001年。

戴书田:《河北省文物研究所藏铜戈初论》,《河北省考古文集》,东方出版社,1998 年,397—399 页。

丁佛言:《说文古籀补补》,中华书局,1988 年。

董　珊:《战国古玺文字分国偏旁表谱》,中国古文字研究会第九届年会论文,1992 年。

董　珊:《古玺中的燕都蓟及其初封问题》,《江汉考古》1993 年 4 期,64—65 页,74 页。

董　珊:《释燕系文字中的"無"字》,《于省吾教授百年诞辰纪念文集》,吉林大学出版社,1996 年,208—212 页。

董　珊:《战国题铭与工官制度》,北京大学博士学位论文,2002 年。

董　珊:《"弍日"解》,《古代文明研究通讯》2005 年,总第 25 期。又《文物》2007 年 3 期,58—61 页。

董　珊:《越王差徐戈考》,复旦大学出土文献与古文字研究中心网,2008 年 10 月 15 日,http://www.gwz.fudan.edu.cn/SrcShow.asp?Src_ID=525。

董　珊:《五年春平相邦葛得鼎考》,《古文字与古代史》第三辑,台北"中央研究院"历史语言研究所,2012 年,287—300 页。

F

方　斌:《故宫收藏・你应该知道的 200 件官印》,紫禁城出版社,2010 年。

方以智:《通雅》,《方以智全书》,上海古籍出版社,1988 年。

伏海翔:《陕西新出土古代玺印》,上海书店出版社,2005 年。

傅嘉仪:《篆字印汇》,上海书店出版社,1999 年。

傅嘉仪:《新出土秦代封泥印集》,西泠印社,2002 年。

傅嘉仪:《秦封泥汇考》,上海书店出版社,2007 年。

G

甘肃省博物馆、武威县文化馆:《武威汉代医简》,文物出版社,1975 年。

高　明:《中国古文字学通论》,文物出版社,1987年。

高　明:《古陶文汇编》,中华书局,1990年。

高　明:《说"䥇"及其相关问题》,《考古》1996年3期,68—73页。

高志喜:《楚文物图典》,湖北教育出版社,2000年。

葛英会:《战国齐"徙甿"玺与"爰土易居"》,《中国历史博物馆馆刊》1991年15期、16期合刊,43—46页。后改题为《释战国齐"徙甿"之玺》,作为《古玺印文字考释(两篇)》之一,刊于北京大学中国传统文化研究中心编《北京大学百年国学文粹·考古卷》,北京大学出版社,1998年,373—376页。

谷村熹斋:《缵述堂古印存》,《东方艺术》2008年21期,76—105页。

顾蔼吉:《隶辨》,中华书局,1986年。

故宫博物院:http://www.dpm.org.cn/shtml/117/@/5983.html。

故宫博物院:http://www.dpm.org.cn/shtml/117/@/6207.html。

故宫博物院:http://www.dpm.org.cn/shtml/117/@/6205.html。

故宫博物院:http://www.dpm.org.cn/shtml/117/@/7946.html。

故宫博物院:http://www.dpm.org.cn/shtml/117/@/7631.html。

故宫博物院:http://www.dpm.org.cn/shtml/117/@/7632.html。

故宫博物院:http://www.dpm.org.cn/shtml/117/@/6210.html。

故宫博物院:http://www.dpm.org.cn/shtml/117/@/6208.html。

故宫博物院:http://www.dpm.org.cn/shtml/117/@/6209.html。

故宫博物院:http://www.dpm.org.cn/shtml/117/@/6118.html。

故宫博物院:http://www.dpm.org.cn/shtml/117/@/7629.html。

故宫博物院:http://www.dpm.org.cn/shtml/117/@/6119.html。

故宫博物院:http://www.dpm.org.cn/shtml/117/@/7633.html。

故宫博物院:http://www.dpm.org.cn/shtml/117/@/7635.html。

故宫博物院:http://www.dpm.org.cn/shtml/117/@/7630.html。

故宫博物院:《故宫博物院藏文物珍品大系·玉器编3·春秋战国》,紫禁城出版社、安徽美术出版社,2011年。

广濑熏雄:《释"卜缶"》,《古文字研究》第二十八辑,中华书局,2010年,504—509页。

郭永秉:《从战国楚系“乳”字的辨读谈到战国铭刻中的“乳(孺)子”》,《简帛·经典·古史》,上海古籍出版社,2013 年。

H

韩天衡、孙慰祖:《古玉印集存》,上海书店出版社,2002 年。

韩自强、韩朝:《安徽阜阳出土的楚国官玺》,《古文字研究》第二十二辑,中华书局,2000 年,176—180 页。

韩自强:《阜阳·亳州出土文物文字编》,阜阳市博物馆,2004 年。

韩自强:《阜阳汉简〈周易〉研究》,上海古籍出版社,2004 年。

何浩天:《国立历史博物馆藏印选辑》,中华丛书编审委员会,1978 年。

何琳仪:《中山王器考释拾遗》,《史学集刊》1984 年 3 期,5—10 页。

何琳仪:《战国文字通论》,中华书局,1989 年。

何琳仪:《古玺杂识续》,《古文字研究》第十九辑,中华书局,1992 年,470—489 页。

何琳仪:《战国官玺杂释》,《印林》1995 年第 16 卷第 2 期(总 92 期),2—11 页。

何琳仪:《古币丛考》,《文史哲》1996 年 8 期,37—39 页。

何琳仪:《战国文字形体析疑》,《于省吾教授百年诞辰纪念文集》,吉林大学出版社,1996 年,224—227 页。

何琳仪、冯胜君:《燕玺简述》,《北京文博》1996 年 3 期,14—20 页。

何琳仪:《战国古文字典》,中华书局,1998 年。

何琳仪:《楚官玺杂识》,《南京师范大学文学院学报》2002 年 1 期,165—168 页;又《古籍研究》2002 年 4 期,4—7 页。

何琳仪、胡长春:《释贩》,《第四届国际战国古文字学研讨会论文集——新世纪的古文字与经典诠释》,2003 年,523—528 页。

河南文物考古研究所:《新蔡葛陵楚墓》,大象出版社,2003 年。

侯仁之:《关于古代北京的几个问题》,《文物》1959 年 9 期,1—7 页。

胡仁宜:《“大莫嚣”古官玺》,《文物》1988 年 2 期,62 页。

湖北省荆沙铁路考古队:《包山楚简》,文物出版社,1991 年。

湖北省文物考古研究所、北京大学中文系:《望山楚简》,中华书局,1995年。

湖南省文物考古研究所:《里耶发掘报告》,岳麓书社,2007年。

湖南省博物馆:《湖南省文物图录》,湖南人民出版社,1964年。

湖南省博物馆:《湖南省博物馆藏古玺印集》,上海书店出版社,1991年。

黄宾虹:《宾虹草堂玺印释文》,西泠印社,1958年。

黄宾虹:《古印概论》,《黄宾虹金石篆刻丛编》,人民美术出版社,1998年,78—92页。

黄静吟:《楚金文研究》,台湾中山大学中国文学系博士学位论文,1997年。

黄盛璋:《所谓"夏虚都"三玺与夏都问题》,《河南文博通讯》1980年3期,1—3页。

黄盛璋:《新出信安君鼎、平安君鼎的国别年代与有关制度问题》,《考古与文物》1982年2期,55—61页。

黄盛璋:《"匈奴相邦"印之国别、年代及相关问题》,《文物》1983年8期,67—72页。

黄盛璋:《关于鲁南新出赵导工剑与齐工师铜泡》,《考古》1985年5期,460—465页。

黄锡全:《古文字中所见楚官府官名辑证》,《文物研究》第七期,黄山书社,1991年,208—236页。后收入《古文字论丛》,台北艺文印书馆,1999年,291—343页。

J

吉林大学古文字研究室:《中国古文字研究》第一辑,吉林大学出版社,1999年。

吉林大学历史系文物陈列室:《吉林大学藏古玺印选》,文物出版社,1987年。

济宁市文物管理局:《山东济宁市肖王庄1号汉墓》,《考古学集刊》12集,41—112页,1999年。

贾香峰、赵炳焕:《新郑市发现汉印和金印》,《中原文物》1996 年 4 期,116—117 页。

菅原石庐:《鸭雄绿斋藏中国古玺印精选》,日本二玄社,2004 年。

姜亮夫:《诗骚联绵字考》,《姜亮夫全集》第 17 卷,云南人民出版社,2002 年。

荆门市博物馆:《郭店楚墓竹简》,文物出版社,1998 年。

K

康　殷:《古图形印汇》,湖北美术出版社,1983 年。

康殷、任兆凤:《印典》,国际文化出版公司,1994 年。

考古杂志记者:《北京琉璃河出土西周有铭铜器座谈纪要》,《考古》1989 年 10 期,953—960 页。

柯昌济:《金文分域编》,馀园丛刻铅字本,1935 年。

L

李东琬:《箴言古玺与先秦伦理思想》,《北方文物》1997 年 2 期,28—32 页。

李家浩:《信阳楚简"浍"字及从"关"之字》,《中国语言学报》第一期,商务印书馆,1983 年,189—199 页。又《北京大学哲学社会科学优秀论文选》第三辑,北京大学出版社,1988 年,242—257 页。又《著名中年语言学家自选集・李家浩卷》,安徽教育出版社,2002 年,194—211 页。

李家浩:《楚国官印考释(四篇)》,《江汉考古》1984 年 2 期,44—49 页。后收入《著名中年语言学家自选集・李家浩卷》,安徽教育出版社,2002 年,125—140 页。

李家浩:《从战国"忠信"印谈古文字中的异读现象》,《北京大学学报》(哲社版)1987 年 2 期,9—19 页。

李家浩:《先秦文字中的"县"》,《文史》第二十八辑,中华书局,1987 年,49—58 页。后收入《著名中年语言学家自选集・李家浩卷》,安徽教育出版社,2002 年,15—34 页。

李家浩:《战国官印考释(二篇)》,《文物研究》第七辑,黄山书社 1991

年，346—353页。

李家浩：《战国官印考释（六篇）》，中国古文字学年会论文，1992年。

李家浩：《战国官印考释两篇》，《于省吾教授百年诞辰纪念文集》，吉林大学出版社，1996年，166—169页。后收入《著名中年语言学家自选集·李家浩卷》，安徽教育出版社，2002年，141—147页。

李家浩：《南越王墓车驲虎节铭文考释——战国符节铭文研究之四》，《容庚先生百年诞辰纪念文集》，广东人民出版社，1998年，662—671页。又《安徽大学汉语言文字研究丛书·李家浩卷》，北京师范大学出版集团、安徽大学出版社，2013年，71—78页。

李家浩：《燕国"洀谷山金鼎瑞"补释》，《中国文字》新廿四期，1998年，71—81页。后题为《燕国"洀谷山金鼎瑞"补释——为纪念朱德熙先生逝世四周年而作》，收入《著名中年语言学家自选集·李家浩卷》，安徽教育出版社，2002年，148—159页。

李家浩：《战国官印"尚路玺"考释》，《揖芬集》，社会科学文献出版社，2002年，329—332页。

李家浩：《战国官印"车御令信"考释》，《印学研究（2014）》，文物出版社，2014年，65—69页。

李家浩：《战国文字中的"宧"字》，《出土文献与古文字研究》第六辑，上海古籍出版社，2015年，245—276页。

李　零：《战国鸟书箴铭带钩考释》，《古文字研究》第八辑，中华书局，1983年，59—62页。

李守奎：《〈说文〉古文与楚文字互证三则》，《古文字研究》第二十四辑，中华书局，2002年，468—472页。

李守奎：《据清华简〈系年〉"克反邑商"释读小臣单觯中的"反"与包山简中的"钣"》，《简帛》第九辑，上海古籍出版社，2014年，129—136页。

李天虹：《郭店竹简〈性自命出〉研究》，湖北教育出版社，2002年。

李先登：《天津师院图书馆藏陶文选释》，《天津师院学报》1978年2期，92—94页、封三。

李学勤：《战国题铭概述（上）》，《文物》1959年7期，50—54页。

李学勤：《战国题铭概述（中）》，《文物》1959年8期，60—63页。

李学勤:《战国题铭概述(下)》,《文物》1959 年 9 期,58—61 页。

李学勤、郑绍宗:《论河北近年出土的战国有铭青铜器》,《古文字研究》第七辑,中华书局,1982 年,128—129 页。

李学勤:《东周与秦代文明》,文物出版社,1984 年。

李学勤:《鲁方彝与西周商贾》,《史学月刊》1985 年 1 期,31—34 页。

李学勤:《〈古玺通论〉序》,《古玺通论》,上海书画出版社,1996 年。

李学勤:《桓字与真山楚官玺》,《国学研究》第八卷,北京大学出版社,2001 年,173—176 页。

李学勤:《试说传出殷墟的田字格玺》,《中国书法》2001 年 12 期,8—9 页。

林清源:《楚国官玺考释(五篇)》,《中国文字》新廿二期,1997 年,209—222 页。

林素清:《先秦古玺文字研究》,台湾大学中文研究所硕士论文,1976 年。

林素清:《论先秦文字中的"="符》,《"中央研究院"历史语言研究所集刊》,第五六本四分册,1985 年,801—826 页。

林素清:《〈古玺文编〉补正》,《金祥恒教授逝世周年纪念文集》,1990 年,99—122 页。

林素清:《楚玺丛考之一:谈楚田字格官玺》,《中国古玺印学国际研讨会论文集》,香港中文大学文物馆,2000 年。

林　沄:《释古玺中从"朿"的两个字》,《古文字研究》第十九辑,中华书局,1992 年,468—469 页。

刘洪涛:《战国官印考释两篇》,复旦大学出土文献与古文字研究网,2011 年 9 月 27 日,http://www.gwz.fudan.edu.cn/SrcShow.asp?Src_ID=1666。

刘建峰:《战国玺印文字构型分域研究》,山东大学博士学位论文,2012 年。

刘体智:《善斋玺印录》,朱拓石印本,1930 年。

刘　钊:《玺印文字释丛(一)》,《考古与文物》1990 年 2 期,44—49 页。

刘 钊:《楚玺考释(六篇)》,《江汉考古》1991 年 1 期,73—76 页。

刘 钊:《古文字构形研究》,吉林大学博士学位论文,1991 年。

刘 钊:《谈包山楚简中有关“煮盐于海”的重要史料》,《中国文物报》43 期 3 版,1992 年 10 月 18 日。

刘 钊:《玺印文字释丛(二)》,《考古与文物》1998 年 3 期,76—81 页。

刘 钊:《战国楚“作诗逞志”玺考释》,刘利民、周建设主编《语言》第四卷,首都师范大学出版社,2003 年,184—187 页。

刘 钊:《秦“敬老思少”成语玺考释》,《古文字研究》第二十七辑,中华书局,2008 年,346—351 页。又《书馨集——出土文献与古文字论丛》,上海古籍出版社,2013 年,215—224 页。

刘 钊:《说秦简“右剽”一语并论历史上的官马标识制度》(稿本),复旦大学出土文献与古文字研究中心网站, http://www.gwz.fudan.edu.cn/srcshow.asp? src_id=682,2009 年 1 月 30 日;修订后刊于《出土文献与古文字研究》第四辑,上海古籍出版社,2011 年。又《书馨集——出土文献与古文字论丛》,上海古籍出版社,2013 年,173—197 页。

刘 钊:《关于秦印姓名的初步考察》,《出土文献与传世典籍的阐释——纪念谭朴森先生逝世两周年国际学术研讨会论文集》,上海古籍出版社,2010 年,361—385 页。

刘 钊:《古玺格言玺考释一则》,复旦大学出土文献与古文字研究中心网站,2011 年 11 月 3 日,http://www.gwz.fudan.edu.cn/SrcShow.asp? Src_ID=1694。又《出土文献》第二辑,中西书局,2011 年,172—179 页。《书馨集——出土文献与古文字论丛》,上海古籍出版社,2013 年,257—267 页。

刘 钊:《关于几组战国格言玺的解释》,《中华文史论丛》2012 年 3 期,43—61 页。又《书馨集——出土文献与古文字论丛》,上海古籍出版社,2013 年,268—285 页。

陆德富:《战国时期的关市与山泽之赋》,《中国社会经济史研究》2012 年 1 期,1—7 页。

罗福颐:《古玺汇编》,文物出版社,1981 年。

罗福颐:《古玺文编》,文物出版社,1981 年。

罗福颐:《古玺印概论》,文物出版社,1981 年。

罗福颐:《近百年来古玺文字之认识和发展》,《古文字研究》第五辑,中华书局,1981 年,243—254 页。

罗福颐:《故宫博物院藏古玺印选》,文物出版社,1982 年。

罗福颐:《秦汉南北朝官印征存》,文物出版社,1987 年。

罗福颐:《古玺印考略》,紫禁城出版社,2010 年。

罗福颐:《待时轩印存》。

罗　昊:《武功县出土平安君鼎》,《考古与文物》1981 年 2 期,79—83 页。

罗运环:《论楚玺及其他》,《容庚先生百年诞辰纪念文集》,广东人民出版社,1998 年,637—643 页。

罗振玉:《赫连泉馆古印存》,与《赫连泉馆古印续存》合印于《赫连泉馆古印存》,上海书店出版社,1988 年。

罗振玉:《赫连泉馆古印续存》,与《赫连泉馆古印存》合印于《赫连泉馆古印存》,上海书店出版社,1988 年。

骆坚群:《浙江省博物馆典藏大系·方寸乾坤》,浙江古籍出版社,2009 年。

骆科强:《"上相邦玺"新考》,《东南文化》2005 年 6 期,39—42 页。

M

马承源:《上海博物馆藏战国楚竹书》(一),上海古籍出版社,2001 年。

马承源:《上海博物馆藏战国楚竹书》(三),上海古籍出版社,2003 年。

马承源:《上海博物馆藏战国楚竹书》(四),上海古籍出版社,2004 年。

马承源:《上海博物馆藏战国楚竹书》(五),上海古籍出版社,2005 年。

马承源:《上海博物馆藏战国楚竹书》(六),上海古籍出版社,

2007年。

马承源:《上海博物馆藏战国楚竹书》(七),上海古籍出版社,2008年。

马国权:《古玺文字初探》,中国古文字研究会第三届年会论文,1980年。

马国权:《鸟虫书论稿》,《古文字研究》第十辑,中华书局,1983年,139—176页。

马　楠:《清华简第一册补释》,《中国史研究》2011年1期,93—98页。

孟丽娟:《三晋官玺集释》,安徽大学硕士学位论文,2014年。

N

牛济普:《楚系官玺例举》,《中原文物》1992年3期,88—95页。

赖　非:《山东新出土古玺印》,齐鲁书社,1998年。

P

庞　朴:《初读郭店楚简》,《历史研究》1998年1期,9页。

彭劲松:《金印玉玺——古代官印私章精品鉴赏》,中国文艺出版社,2012年。

骈宇骞:《银雀山汉简文字编》,文物出版社,2001年。

Q

崎　岖:《古印趣话》,三秦出版社,2006年。

钱君匋:《钱君匋精品印选》,天津市古籍书店,1992年。

桥本开:《中国古铜印の美》,日本古河市篆刻美术馆,2012年。

丘光明:《中国历代度量衡考》,科学出版社,1992年。

裘锡圭:《战国货币考》,《北京大学学报》(哲学社会科学版)1978年2期,69—83页。

裘锡圭:《战国文字中的"市"》,《考古学报》1980年3期,285—296页。后收入《古文字论集》,中华书局1990年,1—10页;又《裘锡圭自选集》,河南教育出版社 1994 年,106—128 页。

裘锡圭:《〈武功县出土平安君鼎〉读后记》,《考古与文物》1982 年 2 期,53—54 页。后收入《古文字论集》,中华书局,1990 年,486—489 页。

裘锡圭:《战国玺印文字考释三篇》,《古文字研究》第十辑,中华书局,1983 年,78—100 页。后收入《古文字论集》,中华书局 1990 年,469—483 页。

裘锡圭:《鋞与桱桯》,《文物》1987 年 9 期,28—32 页。又载《裘锡圭学术文集》卷 6,复旦大学出版社,2012 年,4—11 页。

裘锡圭:《文字学概要》,商务印书馆,1988 年,234—235 页。

裘锡圭:《浅谈玺印文字的研究》,《中国文物报》1989 年 1 月 30 日 3 版。后收入《裘锡圭学术文化随笔》,中国青年出版社,1999 年,55—63 页。

裘锡圭:《"诸侯之旅"等印考释》,《文物研究》第六期,黄山书社,1990 年,202—205 页。

裘锡圭:《说"以"》,《古文字论集》,中华书局,1992 年,106—110 页。

裘锡圭:《"司马闻""闻司马"考》,《古文字论集》,中华书局,1992 年,484—485 页。

裘锡圭:《甲骨文中的见与视》,《甲骨文发现一百周年学术研讨会论文集》,台湾师范大学国文系、"中研院"历史语言研究所编,1998 年,1—5 页。又中华书局,1999 年,1—6 页。

R

容　庚:《鸟书考》,《中山大学学报》1964 年 1 期,75—113 页。

容　庚:《金文编》,中华书局,1985 年。

阮　元:《积古斋钟鼎彝器款识》,阮元自刊本,嘉庆九年(1804 年)。

S

山东大学历史文化学院考古系:《长清仙人台五号墓发掘简报》,《文物》1998 年 9 期,18—30 页、彩色插页壹、彩色插页贰。

山东省博物馆:《曲阜九龙山汉墓发掘简报》,《文物》1972 年 5 期,

39—43 页,54 页。

山西省文物工作委员会:《侯马盟书》,文物出版社,1976 年。

商承祚:《长沙出土楚漆器图录》,中国古典艺术出版社,1957 年。

上海博物馆:http://www.shanghaimuseum.net/cn/dcjx/xy_1.jsp? id=120。

上海博物馆:http://www.shanghaimuseum.net/cn/dcjx/xy_view.jsp? id=112&lb=0&sd=5&isjp=0。

上海博物馆:http://www.shanghaimuseum.net/cn/dcjx/xy_1.jsp? id=115

上海博物馆:http://www.shanghaimuseum.net/cn/dcjx/xy_view.jsp? id=108&lb=0&sd=5&isjp=0。

上海博物馆:http://www.shanghaimuseum.net/cn/dcjx/xy_view.jsp? id=131&lb=37&sd=0&isjp=0。

上海博物馆:http://www.shanghaimuseum.net/treasure/show/detail?treasureId = 368&secondSelectType = treasureDynasty&keywords =&treasureDynastyId=2&treasureCategoryId=&treasureChildCategoryId=&treasureAllCategoryId=。

上海博物馆:《上海博物馆藏印选》,上海书画出版社,1979 年。

上海博物馆:《上海博物馆·中国历代玺印馆》,上海博物馆,1996 年。

邵　磊:《战国古玺分域丛谈》,《南方文物》1996 年 4 期,34—41 页。

沈　元:《〈急就篇〉研究》,《历史研究》1962 年 3 期,61—87 页。

盛世收藏:2009 年 3 月 6 日,http://bbs.sssc.cn/forum.php? mod=viewthread&tid=504501&extra=page%3D564%26filter%3Dauthor%26orderby%3Ddateline%26orderby%3Ddateline。

盛世收藏:2010 年 7 月 4 日,http://bbs.sssc.cn/viewthread.php?tid=933851&highlight=。

盛世收藏:2014 年 7 月 5 日,http://bbs.sssc.cn/thread-3450855-1-1.html。

施谢捷:《〈古玺汇编〉释文校订》(1994 年修订稿),《印林》1995 年第

16 卷第 5 期(总 95 期),49—55 页;《〈古玺汇编〉释文校订》(1996 年修订稿),《容庚先生百年诞辰纪念文集》,广东人民出版社,1998 年,644—651 页。

施谢捷:《古玺印考释五篇》,《印林》1995 年第 16 卷 2 期,22—34 页。

施谢捷:《古玺印文字考释五篇》,《南京师大学报》(哲学社会科学版),1996 年 4 期,123—127 页。

施谢捷:《古玺印考释十篇》,《印林》,1996 年第 17 卷 2 期,28—47 页。

施谢捷:《释战国楚玺中的"登徒"复姓》,《文教资料》,1997 年,110—113 页。

施谢捷:《古玺印文字丛考(十篇)》,《南京师大学报》(社会科学版)1998 年 1 期,116—122 页。

施谢捷:《古玺双名杂考(十则)》,《中国古文字研究》第一辑,吉林大学出版社,1999 年,122—132 页。

施谢捷:《古玺印文字考释(十篇)》,《语言研究集刊》第六辑,江苏教育出版社,1999 年,75—93 页。

施谢捷:《古玺复姓杂考(六则)》,《中国古玺印学国际研讨会论文集》,香港中文大学文物馆,2000 年,31—48 页。

施谢捷:《古玺汇考》,安徽大学博士学位论文,2006 年。

施谢捷:《说"匌(訇匀𠣞)"及相关诸字(上)》,《出土文献与传世典籍的诠释》,上海古籍出版社,2010 年,47—66 页。

石　峰:《新见秦汉玺印试考》,《西泠艺林》2013 年第五辑,68—75 页。

石家庄市图书馆文物考古小组:《河北石家庄市北郊西汉墓发掘简报》,《考古》1980 年 1 期,52—55 页。

石志廉:《战国古玺考释十种》,《中国历史博物馆馆刊》1980 年总 2 期,108—113 页。

史树青:《中国历史博物馆藏法书大观·玺印篆刻》,柳原书店、上海教育出版社,1999 年。

睡虎地秦墓竹简整理小组:《睡虎地秦墓竹简》,文物出版社,

1990 年。

宋华强:《新蔡简地名考释二则》,简帛网,2008 年 4 月 12 日,http://www.bsm.org.cn/show_article.php? id=817。

宋书升:《〈续齐鲁古印攈〉序》,《续齐鲁古印攈》,上海书店,1989 年,4—5 页。

苏州博物馆:《真山东周墓地》,文物出版社,1999 年。

苏州博物馆:《苏州博物馆藏玺印》,文物出版社,2010 年。

孙德宣:《联绵字浅说》,《辅仁学志》11 卷 1、2 期合刊,1942 年。

孙贯文、赵超:《由出土印章看两处墓葬的墓主等问题》,《考古》1981 年 4 期,333—338 页。

孙海波:《魏三字石经集录》,大业印书局,1937 年。

孙家潭:《大风堂古印举》,西泠印社出版社,2009 年。

孙慰祖:《古封泥集成》,上海书店出版社,1994 年。

孙慰祖:《可斋论印新稿》,上海辞书出版社,2003 年。

孙慰祖:《中国印章——历史与艺术》,外文出版社,2010 年。

孙　勇:《古代玺印原拓印谱》。

T

太田孝太郎:《梦庵藏印》,1926 年。

汤馀惠:《楚器铭文八考》,《古文字论集(一)》,《考古与文物》丛刊第二号,1983 年,60—68 页。

汤馀惠:《楚玺两考》,《江汉考古》1984 年 2 期,50—51 页。

汤馀惠:《略论战国文字形体研究中的几个问题》,《古文字研究》第十五辑,中华书局,1986 年,9—100 页。

汤馀惠:《"於王既正"印文考——兼论望山二号楚墓的年代》,《文物研究》第七辑,黄山书社,1991 年,354—355 页。

汤馀惠:《战国铭文选》,吉林大学出版社,1993 年。

汤馀惠:《"卑将匠刍信玺"跋》,《考古与文物》1993 年 5 期,80—81 页。

汤馀惠:《古玺文字七释》,《第二届国际中国古文字学研讨会论文集》，香港中文大学中国语言及文学系，1993年，393—396页。

汤馀惠：《战国文字编》，福建人民出版社，2001年。

汤志彪：《鸟虫书三考》，《东北师大学报》（哲学社会科学版）2012年4期，96—101页。

汤志彪：《战国玺印文字考释（十二则）》，《中国文字研究》2013年1期，50—57页。

滕壬生：《楚系简帛文字编》，湖北教育出版社，1995年。

天津市艺术博物馆：《天津市艺术博物馆藏古玺印选》，文物出版社，1997年。

田　焕：《玺苑》，武昌鉴雅斋钤印本，1924年。

田　炜：《古玺探研》，中山大学博士学位论文，2008年。又《古玺探研》，华东师范大学出版社，2010年。

佚　名：《童雪鸿藏印》。

W

汪庆正：《中国历代货币大系·先秦货币》，上海人民出版社，1988年。

王恩田：《陶文图录》，齐鲁书社，2006年。

王国维：《观堂集林》，中华书局，1959年。

王　辉：《古玺释文二则》，《人文杂志》1986年2期，105—106页。

王　辉：《古文字通假释例》，艺文印书馆，1993年。

王　辉：《秦印考释三则》，《中国古玺印学国际研讨会论文集》，香港中文大学文物馆，2000年，49—57页。

王　辉：《古文字通假字典》，中华书局，2008年。

王佩智、吴莹：《印章陈列大观》，西泠印社，2000年。

王人聪：《香港中文大学文物馆藏印集》，香港中文大学文物馆，1980年。

王人聪：《新出历代玺印集录》，香港中文大学文物馆，1982年。

王人聪：《香港中文大学文物馆藏印续集一》，香港中文大学文物馆，1996年。

王人聪:《战国吉语、箴言玺考释》,《故宫博物院院刊》1997 年 4 期,50—55 页。

王人聪:《真山墓地出土"上相邦玺"辨析》,《故宫博物院院刊》1998 年 2 期,17—20 页。

王人聪:《香港中文大学文物馆藏印续集二》,香港中文大学文物馆,1999 年。

王人聪、游学华:《中国历代玺印艺术》,香港中文大学文物馆,2000 年。

王献唐:《两汉印帚》,山东省图书馆钤印本,1934 年。

王献唐:《五灯精舍印话》,齐鲁书社,1985 年。

王　臻:《铁斋藏古玺印》,中国文化艺术出版社,2010 年。

魏宜辉、申宪:《古玺文字考释(十则)》,《东南文化》1999 年 3 月,96—101 页。

魏宜辉:《楚系简帛文字形体讹变分析》,南京大学博士学位论文,2003 年。

文炳淳:《战国楚玺文字研究》,台湾大学中国文学研究所博士论文,2002 年。

文炳淳:《论几方楚玺的真伪、时代问题》,《中国文学研究》第 16 期,2002 年。

吴良宝:《古玺复姓统计及相关比较》,《古籍整理研究学刊》2002 年 4 期,40—44 页。

吴良宝:《战国文字所见三晋置县辑考》,《中国史研究》2002 年 4 期,11—20 页。

吴铭生:《长沙战国墓木椁上发现"烙印"文字》,《文物参考资料》1956 年 12 期。78—79 页。

吴砚君:《三晋古玺杂说》,《北京印学》第二辑,中国艺术出版社,2009 年,22—37 页。

吴砚君:《盛世玺印录》,日本艺文书院,2013 年。

吴振武:《〈古汇编释〉释文订补及其分类修订》,《古文字学论集》(初编),香港中文大学中国文化研究所、吴多泰中国语文研究中心,1983 年,

485—535 页。

吴振武:《〈古玺文编〉校订》,吉林大学博士学位论文,1984 年。又《〈古玺文编〉校订》,人民美术出版社,2011 年。

吴振武:《战国"亩(廩)"字考察》,《考古与文物》1984 年 4 期,80—87 页。

吴振武:《古玺合文考(十八篇)》,《古文字研究》第十七辑,中华书局,1989 年,268—281 页。

吴振武:《战国玺印中的"虞"和"衡鹿"》,《江汉考古》1991 年 3 期,85—87 页。

吴振武:《谈战国货币铭文中的"曲"字》,《中国钱币》1993 年 2 期,16—21 页。

吴振武:《古玺辨伪二例》,《文物》1993 年 11 期,77—78 页。

吴振武:《战国官玺释解两篇》,《金景芳九五诞辰纪念文集》,吉林文史出版社,1996 年,190—195 页。

吴振武:《燕国铭刻中的"泉"字》,《华学》第二辑,中山大学出版社,1996 年,47—52 页。

吴振武:《齐官"王冢"考》,《尽心集——张政烺先生八十庆寿论文集》,中国社会科学出版社,1996 年,153—161 页。

吴振武:《释双剑誃旧藏燕"外司圣鍴"玺》,《于省吾教授百年诞辰纪念文集》,吉林大学出版社,1996 年,162—165 页。

吴振武:《燕国玺印中的"身"字》,《胡厚宣先生纪念文集》,科学出版社,1998 年,196—199 页。

吴振武:《古玺姓氏考(复姓十五篇)》,《出土文献研究》第三辑,1998 年,74—88 页。

吴振武:《释三方收藏在日本的中国古代官印》,《中国文字》新廿四期,1998 年,83—93 页。

吴振武:《战国玺印中所见的监官》,载《中国古文字研究》第一辑,吉林大学出版社,1999 年,117—121 页。

吴振武:《古文字中的借笔字》,《古文字研究》第二十辑,中华书局,2000 年,308—337 页。

吴振武:《朱家集楚器铭文辨析三则》,《黄盛璋先生八秩华诞纪念文集》,中国教育文化出版社,2005 年,291—303 页。

吴振武:《谈齐“左掌客亭”陶玺——从构形上解释战国文字中旧释为“亳”的字应是“亭”字》,《社会科学战线》2012 年 12 期,200—204 页。

X

下中弥三郎:《书道全集第廿七卷·印谱篇》,日本平凡社,1932 年。

萧春源:《珍秦斋古印展》,澳门市政厅,1993 年。

萧春源:《珍秦斋藏印·秦印篇》,临时澳门市政局,2000 年。

萧春源:《珍秦斋藏印·战国篇》,澳门基金会,2001 年。

萧春源:《方寸乾坤——珍秦斋藏历代玺印精品集》,澳门民政总署文化康体部,2005 年,32 页。

萧春源:《珍秦斋藏印·汉魏晋唐宋元篇》,澳门民政总署文化康体部,2005 年。

肖晓晖:《古玺文新鉴》,世界图书出版公司,2005 年。

萧　旭:《唐五代佛经音义书同源词例考》,复旦大学出土文献与古文字研究中心网站,2011 年 8 月 15 日,http://www.gwz.fudan.edu.cn/SrcShow.asp? Src_ID=1617。

萧　毅:《〈古汇编释〉释文订补(摘录)》,武汉大学中文系硕士论文,1998 年。

萧　毅:《“麋亡”印释》,《中国文字》新廿六期,艺文印书馆,2000 年,177—181 页。

萧　毅:《古玺所见楚系官府官名考略》,《江汉考古》2001 年 2 期,38—44 页。

萧　毅:《古玺文字研究》,中山大学博士学位论文,2002 年。

萧　毅:《说“孔”》,《康乐集——曾宪通教授七十寿庆论文集》,中山大学出版社,2006 年,174—177 页。

萧　毅:《古玺所见“玺”字的地域特征》,《简帛》第二辑,上海古籍出版社,2007 年,71—79 页。

萧　毅:《“中清”玺考》,《古文字研究》第二十七辑,中华书局,2008

年，341—345 页。

萧　毅：《“亡戚呈志”玺考》，《中国文字学报》第二辑，商务印书馆，2008 年，90—93 页。

萧　毅：《楚简文字研究》，武汉大学出版社，2010 年。

萧　毅：《古玺文字“户”的地域特征》，《长江学术》2010 年 3 期，143—147 页。

萧　毅：《楚玺考释二则》，《古文字研究》第二十八辑，中华书局，2010 年，365—369 页。

萧　毅：《楚官玺札记二则》，第五届中国文字学国际学术研讨会（天津）2010 年。修改后署名萧毅、王一名发表在《武汉大学学报》（人文科学版）2014 年 2 期，93—97 页。

萧　毅：《采石印选》，原拓本，2011 年。

萧　毅：《古文字中的栏线借用》，《中国文字学报》第四辑，商务印书馆，2012 年，141—145 页。

萧　毅：《“忠信敬事富贵”玺考》，《古文字论坛》第一辑，中山大学出版社，2015 年，229—232 页。

萧　毅：《合玺“敬玺”考》，《古文字研究》第三十辑，中华书局，2014 年，303—306 页。

萧　毅：《录堂摹辑古玺印》，稿本，2014 年。

肖　蕴：《满城汉墓出土的错金鸟虫书铜壶》，《考古》1972 年 5 期，49—52 页、图版拾贰。

小林斗盦：《中国玺印类编》，天津人民美术出版社，2004 年。

辛礼学：《安徽省蚌埠市博物馆馆藏文物选介》，《文物》2002 年 1 期，91—93 页。

熊亚云、丁堂华：《鄂城楚墓》，《考古学报》1983 年 2 期，223—254 页，图版贰叁—贰陆。

徐秉琨：《辽宁发现战国陶铭四种考略》，《辽海文物学刊》1992 年 2 期，124—127 页。又辽宁省博物馆编《辽宁省博物馆学术论文集》第二辑（1985—1999），辽海出版社，1999 年，6—9 页。

徐在国：《“信士”玺跋》，《古汉语研究》1998 年 4 期，90 页。

徐在国:《古玺文字八释》,《吉林大学古籍整理研究所建所十五周年纪念文集》,吉林大学出版社,1998 年,112—122 页。

徐在国:《战国官玺考释三则》,《考古与文物》1999 年 3 期,82—84 页。

徐在国:《古玺文字释读九则》,《考古与文物》2002 年 5 期,93—96 页。

徐在国:《楚国玺印中的两个地名》,《古文字研究》第二十四辑,中华书局,2002 年,317—318 页。

徐在国:《传抄古文字编》,线装书局,2006 年。

许雄志:《鉴印山房藏古玺印菁华》,河南美术出版社,2006 年。

许学仁:《战国文字分域与断代研究》,台湾师范大学博士学位论文,1986 年。

禤健聪:《“亡慼危志”玺考释》,《中国文字学报》第五辑,商务印书馆,2014 年 7 月,154—160 页。

Y

杨广泰:《战国古玺印最》,北京文雅堂钤印本 4 册,1998 年。

叶其峰:《战国官玺的国别及有关问题》,《故宫博物院院刊》1981 年 3 期,86—92 页。

叶其峰:《战国成语玺析义》,《故宫博物院院刊》1983 年 1 期,75—78 页。

叶其峰:《故宫博物院藏肖形印选》,人民美术出版社,1984 年。

叶其峰:《战国官署玺——兼谈古玺印的定义》,《中国古玺印学国际研讨会论文集》,香港中文大学文物馆,2000 年,15—30 页。

叶其峰:《古玺印通论》,紫禁城出版社,2003 年。

殷玮璋:《新出土的太保铜器及其相关问题》,《考古》1990 年 1 期,66—77 页。

伊　强:《谈〈长沙马王堆二、三号汉墓〉遣策释文和注释中存在的问题》,北京大学硕士学位论文,2005 年,15—16 页。

伊　强:《马王堆三号汉墓遣策文字考释》,《出土文献与古文字研究》

第一辑，复旦大学出版社，2006 年，342—347 页。

于豪亮：《古玺考释》，《古文字研究》第五辑，中华书局，1981 年，255—260 页。后收入《于豪亮学术文存》，中华书局，1985 年，82—87 页。

于省吾：《甲骨文字释林》，中华书局，1979 年。

园田湖城：《蔼蔼庄藏古玺印》，日本钤印本，1924 年。

Z

枣庄市博物馆：《鲁南出土两件铭文铜器》，《考古》1985 年 5 期，476—477 页。

曾宪通：《论齐国"遝盟之玺"及其相关问题》，《华学》第一辑，中山大学出版社，1995 年，72—81 页；《容庚先生百年诞辰纪念文集》，广东人民出版社，1998 年，619—636 页。后收入《古文字与出土文献丛考》，中山大学出版社，2005 年，181—192 页。

查　淳：《铜鼓书堂藏印》，钤印本，1799 年。

张光远：《故宫历代铜印特展图录》，台北"故宫博物院"，1987 年。

张守中：《中山王嚳器文字编》，中华书局，1981 年。

张　辛：《论中国玺印的起源》，《文化的馈赠——汉学研究国际会议论文集(考古学卷)》，北京大学出版社，2000 年。

张亚初：《两周铭文所见某生考》，《考古与文物》1983 年 5 期，83—89 页。

张照根：《苏州真山墓地出土大量珍贵文物》，《中国文物报》1995 年 11 月 19 日。

张振林：《中山靖王鸟篆壶铭之韵读》，《古文字研究》第一辑，中华书局，1979 年，157—174 页。

张振谦：《燕玺复姓"夷吾"考》，《中国文字学报》第四辑，商务印书馆，2012 年，114—120 页。

赵立伟：《新材料与三体石经古文合证》，《汉字研究》第一辑，学苑出版社，2005 年，292—294 页。

赵平安：《战国文字中的盐及相关资料研究》，《华学》第六辑，紫禁城出版社，2003 年，107—113 页。又《考古》2004 年第 8 期，56—61 页；又

《新出简帛与古文字古文献研究》，商务印书馆，2009年，131—142页。

赵平安：《论燕国文字中的所谓“都”当为“鄙”（县）字》，中国古文字研究会第十四届年会论文，2004年；又《语言研究》2006年第4期，第77—79页。

赵平安：《释行木》，《古文字研究》第二十六辑，中华书局，2006年，377—381页。又《金文释读与文明探索》，上海古籍出版社，2011年，241—247页。

赵平安：《唐子仲儿盘匜“咸”字考察》，《中国历史文物》2008年2期，73—77页；又《金文释读与文明探索》，上海古籍出版社，2011年，25—32页。

赵平安：《秦西汉印章研究》，上海古籍出版社，2012年。

赵平安：《“京”、“亭”考辨》，《复旦学报》（社会科学版）2013年4期，87—169页。

郑　超：《楚国官玺考述》，《文物研究》第二期，1986年，87—94页。

郑珉中：《故宫博物院藏文物珍品大系·玺印》，上海科学技术出版社、商务印书馆（香港），2008年。

中国国家博物馆：http://www.chnmuseum.cn/tabid/212/Default.aspx? AntiqueLanguageID=3113＃。

中国国家博物馆：http://www.chnmuseum.cn/（S（xzpxoa45dgvuoo55le3lzf45））/Default.aspx? TabId = 212&AntiqueLanguageID = 3458。

中国社会科学院考古研究所：《殷周金文集成》，中华书局，2007年。

中国书法杂志社：《中国书法》，2012年11期。

周　波：《战国时代各系文字间的用字差异现象研究》，复旦大学博士学位论文，2008年。又线装书局，2012年。

周建亚：《甘露堂藏战国箴言玺》，文物出版社，2013年。

周晓陆、路东之：《泥上的历史与古城——东周封泥发现记》，《收藏家》2003年3期，2—5页。

周晓陆、路东之：《新蔡故城战国封泥的初步考察》，《文物》2005年1期，51—61页。

周晓陆、路东之:《秦封泥集》,三秦出版社,2000年。

周晓陆:《二十世纪出土古玺印集成》,中华书局,2010年。

朱德熙、裘锡圭:《战国文字研究(六种)》,《考古学报》1972年1期,73—89页。后收入《朱德熙古文字论集》,中华书局,1995年,31—53页;《朱德熙文集》第五卷"古文字论文",商务印书馆,1999年,31—53页。

朱德熙、裘锡圭:《战国铜器铭文中的食官》,《文物》1973年12期,59—61、13页。后收入《朱德熙古文字论集》,中华书局,1995年,83—88页;《朱德熙文集》第五卷"古文字论文",商务印书馆1999年,83—88页。

朱德熙:《战国陶文和玺印文字中的"者"字》,《古文字研究》第一辑,中华书局,1979年,116—120页。后收入《朱德熙古文字论集》,中华书局1995年,109—112页;《朱德熙文集》第五卷"古文字论文",商务印书馆1999年,109—112页。

朱德熙、裘锡圭:《战国时代的"料"和秦汉时代的"半"》,《文史》第八辑,中华书局,1980年,1—4页。后收入河南省计量局主编《中国古代度量衡论文集》,中州古籍出版社,1990年,286—292页;《朱德熙古文字论集》,中华书局,1995年,115—120页;《朱德熙文集》第五卷"古文字论文",商务印书馆,1999年,115—120页。

朱德熙:《古文字考释四篇》,《古文字研究》第八辑,中华书局,1983年,15—22页。后收入《朱德熙古文字论集》,中华书局,1995年,151—156页;《朱德熙文集》第五卷"古文字论文",商务印书馆,1999年,151—156页。

朱启新:《文物物语》,中华书局,2006年,103—104页。

竹田淳照:《中国古印图录》,日本大谷大学,1964年。

庄新兴、茅子良:《中国玺印篆刻全集·玺印上》,上海书画出版社,1999年。

庄新兴:《战国玺印分域编》,上海书店出版社,2001年。

后　记

最初打算编写一套《古文字读本》，大约是在2011年，年底确定编写甲骨文、金文、简牍、古玺四种，大致规划了凡例和写作出版形式。联系了几位朋友，主要是找编写人员，并就凡例和写作等征求意见。最后确定曹方向兄写《甲骨文读本》、凡国栋兄写《金文读本》、禤健聪兄写《简牍读本》，我写《古玺读本》。

原打算是一年出版一本，后来出版社人事变动，新主管要求一起出，以致延迟至今。最对不住的就是禤健聪兄，2012年底就交稿了。《古玺读本》主要写作时间是在美国访学期间，2013年9月回国后忙于他事，加上有的作者因故进展较慢，就放下了。前不久进展较慢的作者说2014年底可以交稿，所以国庆后我就开始修改初稿，临近乙未年春节，终于完工。

本书的编写，三个方面难度较大。

一是古玺的选取。字形、铭辞、形制、地域等要考虑的因素很多，最后确定四系，每系三类，每类五方，共计60方。

二是有趣。延展阅读部分，最初确定的原则是有趣，写作过程中发现很难。最后只得打消这个念头，谈一些与玺印、文字、名物制度等相关的内容，弥补古玺内容简短的缺憾。

三是个人观点的融入。主体内容以学界较为通行的看法为主，适当介绍一些新的释读意见，其中也有一些自己的观点。细心的读者可能会发现，虽然是编写，其实属于编者自己的东西也不少，包括一些新的研究成果。

时间总是不够，成稿总是仓促，这是时下学术论著大多会遇到的问题。本书虽为通俗读物，也在所难免。书中不妥之处，还请读者批评指正。

衷心感谢曾师宪通先生赐序；感谢吴振武先生、施谢捷先生多年来给予的指导和帮助；感谢魏宜辉兄通读全稿，提出很多宝贵建议；感谢曹方向、凡国栋、禤健聪诸兄的支持；感谢龚小平、顾清木、张宇晖、吴砚君、谢恨平诸兄的帮助；感谢现已调任崇文书局的李艳丽编辑辛苦的前期工作；感谢妻子胡惠蓉和女儿萧月的理解和支持。

本书得到国家社会科学基金重点项目“古玺集释”(14AYY012)、全国高等院校古籍整理研究工作委员会重点项目“古玺文分域整理与研究”(0935)、中央高校基本科研业务费专项资金“70后学者学术团队建设计划项目”的资助，在此一并致谢。

2015年2月8日晨，萧毅

2015年6月10日晨定稿，萧毅